金田一清子

子どもの笑顔にあいたくて

新日本出版社

まえがき

私は群馬県の自然豊かな山里で生まれ、育ちました。レンゲソウの髪飾り作り、藤づるを使ってのターザンごっこ、ジャンプを乗り越えるそり遊び……。こんな子ども時代の体験を教室で話すと、瞳を輝かせて「いいなあ、私たちもやりた〜い」と、羨望の的でした。そんな時、日々の生活の中に自然と触れ合い、わくわく、どきどきの体験を子どもたちにと実践してきました。

中学校の同窓会のことです。私が小学校の教師だと知ると、「えっ、信じられない。おとなしくて話し声など聞いたこともなかったのに……」と、びっくりされたのです。この私の体験一つとっても、人間の可能性とは、はかり知れないということがわかります。私は実践を通して「子どもはだれでも無限の可能性を秘めている」と思っています。長い教師生活で子どもたちのすごさ、すばらしさ、ヘンシンの瞬間をたくさん見て来たからです。

長いこと教師生活を続ける中で、苦悩する子どもの心とたくさん向き合ってきました。「競争原理にもとづく効率主義」の社会の中、最も弱い立場の子どもたちが、ストレスを抱え、叫び声をあげているように思えてなりませんでした。

そこで、「心やさしく、人間性豊かな子どもに育てたい」と児童詩教育を柱にして学級作りを進めてきました。今、子どもの心と体を開き、自分の言葉でのびのびと表現させることと、友だちと学び合う楽しさ、友だちとつながり合うことの大切さを感じとってほしいと思ったからです。まず、「困った子は困っている子」であると、その子に寄りそいました。そして、何でも本音で話せ、それをあたたかく受け止めてくれる学級の雰囲気作りを進めました。その上で、一つの作品を親子で読み合う中でお互いの考えを出し合い学び合ってきました。

そんな中で、友だち同士の理解が進み、バラバラな心がつながり合えたのではないかと思います。子どもたちの友だちを思う詩は、友だちの心を動かすほどの力を持っています。子どもたちは、どこまでもけなげでやさしいのです。そんな心に接するとどんなにつらくても教師はやめられませんでした。まさに、子どもは仲間の中で育っていくのだと思います。

思い起こせば、私と児童詩との出会いは中学時代にさかのぼります。中学時代の恩師、国語の永井達郎先生が、一人ひとりにその子を主人公にした詩をプレゼントしてくれたのです。

その時の感動が忘れられず、国語の教師になりたいと淡い夢を描いたのです。後でわかるのですが、永井先生は「群馬作文の会」で活躍されていたというのです。その結びつきの深さに驚くと共に、私が文を書くのが大好きになったのは、先生のお陰だと感謝しています。

また、日本生活教育連盟、日本作文の会、児童言語研究会のみなさまからもたくさん学ばせていただき、何とかやってこれたのではないかと感謝でいっぱいです。

今、子どもたちが願っていること

⑴勉強が分かること、出来るようになること　⑵お互いに分かり合い、つながりあうこと　⑶認められ、ほめられること　⑷遊ぶこと、ゆっくりすること　⑸失敗してもやり直しが出来ること

そして、ゆとりを持って見守ってくれている頼れるおとなの存在。

これは、現在、私もかかわっている東京民研（東京の民主教育をすすめる教育研究会議）の「いじめ問題を考えるプロジェクトチーム」の中でまとめられたものです。このことをある講演会で話したところ、若い先生が「これを保護者会で紹介し、みんなで考えたい」と声をかけてくれたのです。その意欲的な姿勢に感激してしまいました。今の教育現場を見ていると、「子どもが人間として大切にされる学校になるよう、今こそ目の前の子どもの願いや姿から出発する教育を！」と願わずにはいられず、いろいろなところで、話していたからです。若い人がこの輪に加わってくれるのですから、こんな嬉しいことはありません。

子どもを人間性豊かに、かしこく育てたい……親も教師も願いは一つです。今こそ、子どもを真ん中に、親と教師が手を取り合う時ではないでしょうか。実は、お母さんたちも子育てについてものすごく悩んでいます。多忙な中で若い先生方も悩んでいます。

「子どもは本来、失敗しながら大きく育っていくもの」「事ありて教育・何か問題行動を起こした時が学び合いのチャンス」「子どもは（子育ては）いつでも、どこからでもやり直せる」「肩の力をぬいて、ゆったりと子育て（教育）していきましょう」。こんなメッセージとともにエールを、教

師だけでなく、父母のみなさんにもおくりたいと思います。

子育ても、教師の仕事も、すぐには目に見えて成果は現れません。でも、一粒まいた麦は、確実に育っていくのだと思います。

この本は、第一章 今の子どもをどう見て、どう向き合っていくか 第二章 児童詩 このよきもの 第三章 子どもを真ん中に教師と親が手を取り合って 第四章 教師ってすてきな仕事・子どもってすばらしい！ という構成になっています。

全般にわたって、子どもたちが日々の生活の中で心わくわく、どきどきと心ときめかせた時に生まれた詩がたくさん登場します。今を生きる子どもたちの心の叫びや本音が伝わるのではないかと思います。読者のみなさんには、あらためて「子どもたちって、こんなにも素直でかわいくて、すばらしいんだ……」と、感じていただけたら幸せです。

「日本は、もうぜったいせんそうはやらないって、きめたんだって。日本に生まれてよかったな」

これは、ある三年生の詩の一節です（216ページ）。

この澄んだ瞳の子どもの願いに応えるためにも「平和で、生きるってすばらしい！」と思えるような世の中を作るために、これからも子どもたちの応援団として、民主教育を進める一人として頑張っていくつもりです。

お読みいただいて、少しでも役に立てたら幸いです。

目　次／子どもの笑顔にあいたくて

写真　金田一正義

第一章　今の子どもをどう見て、どう向き合っていくか

（1）子どもと仲間に学ぶ教師に
～教師ほどすてきな仕事はない～

定年退職して四年目。私は、まだ現場で楽しく働いていました。

「定年まであと二年、なんとかもつだろうか」「事情が許すなら、今すぐでもやめたい……」

こんな声が聞かれる教育現場でした。

「元気ねえ」「そのエネルギーは、どこから来ているの？」

時折、こんな言葉をかけられるのですが、とにかく子どもたちと一緒にいるのが楽しかったのです。実は、私の方こそ、かわいい子どもたちから、エネルギーをいっぱいもらっていたのです。

「東京民研」（東京の民主教育をすすめる教育研究会議）の仕事もしていますが、学ぶことがいっぱいです。この厳しい教育現場を少しでもよりよいものへ……と思うと、課題も山積みです。

少しでも忙しい現場の役に立つことができるなら……と仲間の悩みに耳を傾ける日々でした。

子どもと仲間に学ぶ教師に

六月初めに病気休職の先生に代わり、二年生の担任をすることに。新任の先生の採用は七月初旬とのことでした。学期末の忙しい時、子どものことも考えて「通知表」も含めて責任をもってやらせてもらうことにしたのです。

新任の先生が決まってから二週間ほどは、職場の人の理解もあり二人担任でした。「○○先生はラッキーですね」「うらやましいです」「本来、新任の先生には誰でもこのような段階が必要なんですよね」「よかったね、○○先生、今のうちにいっぱい学んでね」と、同僚の先生方もあたたかな言葉をかけてくれました。

ある若い先生が「レポートや指導案の書き方は初任研（初任者研修）などで学ぶけど、授業の実際や、子どもをどう見て、どう接したらよいか悩みます」と言っていたことを思い出しました。

今回は、長い教師生活で学んできたことを少しでも若い人に引き継ぐよい機会だと思い、また私たちの役割の大切さも考えました。

若い先生の中には「文学の授業をどのように進めたらよいか」と悩む人が多いと聞いていたので、「スイミー」の授業を見てもらいました。普段は注意されがちな男の子が鋭い考えを出すと、「○○ちゃん、すごい！」と一目おかれるようになりました。「子どもの考えることってすごい。

スイミーっていい話ですね」と、新任の先生は発見の日々でした。

こうして、一つ一つ移行していったのです。職場の仲間たちが言うように、新任の先生を余裕をもって育て、安心して教室に立てるようなシステムが何とかできないだろうかと、つくづく思ったものでした。誰しもみんなあこがれをもってこの職業についたのでしょう。

子どもたちや、仲間の先生たちから、大いに学んで「すてきな先生になってほしい」と願わずにはいられませんでした。

若い先生たちのすばらしい力が発揮できる校内研究を

「子どもが心をときめかす、よい授業がしたい」「子どもたちに力をつけたい」――教師として誰もが描く永遠のテーマであると思います。この教師としての本来の願いがゆらいでしまいがちな昨今の教育現場です。

そんな中で行われる校内研究ですから、子どもの実態から出発して、子どもも教師も楽しく力のつく研究にしたいものです。

「お互いの授業を見せ合い、批評しあい、さらによりよいものへと作り上げていくこと」――このことは世界でも珍しいことであると言われています。若い先生もベテランも共に同じテーブルに横並びでつき、一つの授業を作り上げるのです。この学校ではどの学級も公開の研究授業を行うので授業作りにも熱が入ります。一つの教材分析をめぐって、若い先生の鋭い考えが新鮮で盛り上がります。授業という実際の子どもの姿から学べる場であり、その中に子どもたちの変化が見える。「子どもってすごい！」「確実に成長している」と、子ども観さえも変わっていくのです。押しつけでなく、目の前の子どもたちから出発した創造的な教育活動、校内研究では、正直疲れは感じられません。若い先生が一緒に学び合える大切な機会であると思います。それぞれの職場で若い先生のすばらしい力が発揮できる教育活動を創っていってほしいと思います。

学べる場はいっぱい、仲間の輪を広げて

学校の外にも学べる場はたくさんあります。ある若い先生を教職員組合の教育研究集会（教研）にさそいました。初任者研修とはちがって、その教育観・子ども観に目を開かれたそうです。「よいものはよい」と次から次へと仲間をメールで誘い広げてくれました。いつの間にか自らが若い先生を組織する側に立ち、新任の人の悩みにこたえてくれるなど、頼りになる若者へと成長してくれました。

組合教研の他にも民間の教育研究団体・サークルもたくさんあります。私は初任の年に出合った「日生連（日本生活教育連盟）」から基本を学び、「作文の会」からも大いに学びました。ぜひ、近くのサークルに顔を出して学んでほしいと思います。

子どもをまん中に親とも手を取り合って

子どもたちを人間性豊かに、かしこく育てたい……親も教師も願いは一つです。「つながり」をテーマに親同士の仲間作りにも力を入れてきました。子どもの輝きや悩みを共有できる空間「おしゃべりノート」(回覧ノート)、親が参加できる授業作り、子どもの声をもとにした楽しい保護者会作り等、力を注いできました。ぜひ、親との連携も大切にしていってほしいと思います。

子どもたちの心の叫びは、発達への切実な要求

このところ、感情をうまくコントロールできずにすぐ手や足が出てしまい、「僕ってだめなんだ」「どうせ私なんか」と自己肯定感のもてない子どもたちにたくさん出会います。「教育改革」や「格差社会」のひずみを受け、苦悩しているのは子どもたちなのです。「先生、僕の話を聞いて」「私の方を見て」「僕、イライラするんだ」「私だってできるようになりたいんだ!」とばかりにぶつかってくるのです。それは、子どもたちの心の叫びであり、メッセージであり、発達への切実な要求なのです。

ところが、今の現場では、じっくりと子どもの話を聞く時間の余裕がありません。その上、「授業規律こそまず優先……」という管理主義が横行する中では、力の指導のみが入

りやすく、「これでよいのか……」と若手のみならず、悩む教師が増えてきています。力のみの指導では、子どもとの信頼関係はなかなか築けません。

子どもたちと心が通じなくては、毎日が空しく、多忙感、疲労感のみが襲いかかります。学級がうまくいかないともなれば、自分に力がないのでは……と追い込まれてしまいます。

こんな苦しい時は、子どもたちが背負っている重荷の大きさを周囲に理解してもらうことが大切です。でも、それには、仲間の支えが必要ですね。ぜひ仲間を信頼して話してみて下さい。一人で抱えこまずに、みんなの問題にして、一緒に対処の仕方を考えてもらうことが大切だと思います。

「困った子」は「困っている子」――子ども観の転換を

重荷を背負った子どもが問題を起こした時、現象面のみにとらわれず、私たちがまず見つめなくてはいけないのは、その背景です。

「どうしたの?」と、ぜひやさしく声かけしてみてください。私にもきつい言葉で追い詰めてしまい、反発をされてしまった苦い経験が数々ありますが……。この「どうしたの?」の言葉が出せるようになって、初めて子どもの心を開かせることができるようになったものです。子どもの心の中の声を聞く、つまり子どもの本音を聞くなかで、次の一手、新たな対応の仕方も考えられるようになってくるのです。

「困った子」は、「困っている子」なのです。この子ども観を転換することが、子どもを捉える上でとても大切になってくると思います。

仲間の中で子どもは育つ

時には、やさしい子どもたちの力を借りることも大切になってきます。子どもたちは受け止めてくれる人がいると心を開きのびていけるのです。教師よりも時には、友だちの励ましの力で大きく変わっていけることもあるのです。

ある事例を紹介してみましょう。

ギャングエイジ真っ最中の三年生との出会いの時の事でした。授業中、課題を出すそばから「そんなのやりたくない」「できない」。何かおもしろいことはないかと探しまわり、その巧みな話術を駆使して授業中でもみんなを沸かしてしまう。まさにいたずらの天才!? それが木下君でした。ただおもしろいだけでなく実は、暴言や暴力で友だちを困らせてもいました。自分の思いを言葉で伝えることが苦手で、「うるせえ!」の後にすぐ手が出てしまい恐れられている存在でした。

ある日、「友だちのことを詩に書こう」と呼びかけると、学級のリーダーとして活躍していた未来くんが、木下くんのことを次のような詩にしてくれたのです。

木下くん

三年　未来

木下くんは、月曜日になると、
ついついあばれてしまう。
でも、いつもわらわせてくれる
木下くんが、おもしろくてたまらない。
だから、学校へ行くのが
二年生のときより、
ずっと楽しくなった。
いろいろなあそび方や、
楽しいことも考えてくれる。
一日一日がまちどおしい。
木下くんと、
ずっと同じクラスでいたい。

一つの作品を親子で読み合うことの大切さ

この詩に出合い、嬉しくてたまりませんでした。彼のことを、このように思ってくれた友だちがいたのです。しかも、まじめな学級のリーダーの未来くんが書いてくれたのです。

さっそくみんなで読み合いたいと思いました。実は、この詩には三行目に「ついつい弱いものいじめをしてしまう」という一文が入っていたのです。学級の子どもたちに読んであげると、

「それ、このまま学級通信にのせたらかわいそうだよ」の声があがり、作者の了解を得て削除したのです。やさしい子どもたちです。木下くんのお母さんの了解も得て掲載し、親子で読み合いました。

○木下くんのいいところ、そして悪いところの両方がうまく書けているね。自分のことをこんなにほめてくれて、ずっと同じクラスでいたいまで書いてくれて、木下くん、とてもうれしいと思うよ。

○未来くんは、本当にいい心をもっているね。木下くんのやさしいところ、おもしろいところを発見してすごいな。ぼくもそういう未来くんと木下くんとずっといっしょのクラスでいたいな。

子どもたちの感想を聞いて目を細める木下くんでした。木下くんのお母さんは、

「こうすけに、こんなすてきな気持ちをもっているお友達がいてうらやましい。親として子どもたちへの接し方を気付かされたような気がします。悪いところって目に付きやすく、いいところはわかりづらい……。これっていいところを見つけようとしないからわからないんですよね。反省です」

このような感想を寄せてくれ、嬉しくて未来くんのお母さんにすぐメールを入れたそうです。この詩を読み合った後から、木下くんがよい方向へと変わり始めました。友だちの詩が心を動かしたのは、間違いありません。

そればかりでなく、厳しかったお母さんの対応に変化があらわれたのも功を奏したのです。
さて、木下くんですが、その後、次のような詩を書き、見事、地域の詩集に入選しました。

いたずら

三年　こうすけ

きょう、黒板けしおとしで
先生をはめようとした。
「はめるの楽しみな人！」
と、聞いたら、半分以上が手を上げた。
みんな楽しみで
しょうがないという顔。
ひっしで笑いをこらえている。
とうとう、先生が来た。
先生がドアを開けた。

「ドーン。」
黒板けしが落ちた。
先生は、びっくりして
言葉が出なかった。
みんな大わらい。
先生も大わらい。
いたずらって楽しい。
ぼくたち、
昔の子どもになったみたい。

実はこの黒板けし落としは、三月まで続いたのです。私の代わりに昼休みに訪れた役員のお母さんが出合ったこともあったのですが、笑いとばしてくれました。

成果はすぐには見えないけれど……

この後、私は転任するのですが、離任式終了後、私を迎えに来てくれたのが木下くんでした。ガラリと四年生の教室をあけると、ここでも黒板けし落としがあったのです。まったくゆかいな子どもたちでした。

「木下くんは、四年生になって、代表委員になり、一年生を迎える会の司会をしたんだよ」と、子どもたちが嬉しそうに話してくれました。

先日、ばったりスーパーで、未来くんのお母さんに会った折、「先生、木下くん、高校の野球部で、今、大活躍だそうですよ。がんばってますよ」と、我が子のように嬉しそうに報告してくれたのです。二人は今でも仲のよい友だちらしいのです。

私たちの仕事は、すぐには目に見えて成果は、現れません。でも、一粒の麦は、確実に大きく育っているのです。その日、一日喜びにひたることができました。

子どもたちは、仲間の中で大きく育っていくのです。

「あせらず、一歩一歩」「失敗は宝」「ドンマイ精神で」「ぼちぼちいこかの精神で」この仕事、大いに楽しんでいってくださいね。

（2）どの子も無限の可能性を秘めている
〜今日はわたしの最高のきねん日〜

だれだって、ひとつや二つ苦手なことがあるのです

まおちゃんは、感性が豊かな女の子です。生活科の「観察カード」など鋭い観察眼でとてもていねいにしあげます。詩や作文など文章表現も得意で、いつもキラリとした魅力のある文章を書く女の子でした。ところが、体育はどちらかというと苦手で鉄棒遊びなどでは、飛びのることさえできませんでした。一年生の時、なんとか鉄棒遊びが好きになるようにと願って、「ぶたのまるやき」の技を教えました。横になって鉄棒にぶらさがり足を鉄棒にからめる技です。「ぶたのまるやき」のことばの響きとかっこうがマッチしていてみんな気に入り、大好きになりました。「ぶたのまるやき」を二人で同時にやりながら片手を離してじゃんけんをする技、「ぶたのまるやきじゃんけん」にまで発展すると楽しくてたまらないようです。まおちゃんは「ぶたのまるやき」ならできました。でも、前回りがこわいらしく、教師が手をそえてあげないと、一人ではできなかったのです。

子どもたちは、少しずつ自分なりの得意の技を見つけ鉄棒遊びに興じるようになりました。「鉄棒カード」を使って目標を示してあげると、休み時間も使って練習に励む子どもたちでした。二年生になると、子どもたちの鉄棒の目標は「さかあがり」でした。ところがこれがなかなか難しいのです。「二年生が終わる頃には、みんなできるようになるといいね」と呼びかけて一学期が終わりました。

やったぁ！　できたぁ！　そんなとき　心が大きくうごいて詩が生まれます

さて、二学期の初めのことでした。

「先生、わたし　さかあがりできるようになったの！」

と、嬉しそうに報告してくれたのは、あのまおちゃんでした。

「えっ、すごいじゃないの、まおちゃん！」

じつは、まおちゃんは苦手な鉄棒の、しかも「さかあがりができるようになること」、これを夏休みの目標にかかげていたのでした。まおちゃんは夏休み中も毎日のように学童クラブに通っていました。学童クラブの帰りに毎日練習したのだそうです。最初は、補助板を使って毎日二〇回ずつの練習を続け、補助板で自信をつけてから、鉄棒に挑戦したのだそうです。あの汗の流れる暑い夏休みにです。

毎日の努力が実って、夏休みが終わる二日前になって、ついにさかあがりをものにしたのです。まおちゃんは、その感動を次のような詩にしてくれました。

はじめてできたさかあがり

二年　まお

はずみをつけて、えいっとふんばった。
ぐるっとまわったとき、
まわりのけしきがさかさまになった。
やったあ。できたあ。
ぴょんぴょんはねててつぼうのまわりを
ぐるっとまわった。
なつ休みのおわる二日まえになって
やっとできた。
毎日、毎日、いたをつかって
れんしゅうしたからな。
きょうは一人だけのさいこうのきねん日。

友だちの詩から学ぼう

さっそく学級通信・文集に載せて、みんなで読み合うことにしました。

私は、「友だちの詩を読んで学びましょう」と、いつもみんなに呼びかけています。

① まず声に出して読んでみましょう。

② いいなあ、すてきだなあというところに線を引きましょう。

③ 友だちにひと言、感想を書いてあげましょう。お家の人もご一緒にどうぞ！

文集を持ち帰った子どもたちは、お家の人と一緒に友だちの詩を読み合い、「ひと言感想欄」に感想を書いて持ちよってくれました。次の日の朝の時間は「詩の鑑賞」です。

詩の朗読はもちろん作者のまおちゃんです。自分の「アンテナ」を使って、一生懸命書いた詩です。気持ちをこめて上手に朗読してくれるので、作者の想いがみんなの心に届きます。

次に「いいなあ」「すてきだなあ」と思ったところに線を引いたあと、そのわけを発表し合います。まずなんといっても、最後の一行「きょうは一人だけのさいこうのきねん日」が友だちの心をつかみました。

○まおちゃんだけの「ひかることば」でその時のまおちゃんの気持ちがよく伝わってきます。

○さかあがりがはじめてできたことをほんとうに、よい思い出になると思います。

……など、感心することがたくさん出されました。また、「まわりのけしきがさかさまになった」

や、「ぴょんぴょんはねてつぼうのまわりをぐるっとまわった」を支持する声もたくさん出されました。
○その時の動きをよく覚えていたと思います。
○うれしかった様子がとてもよくわかります。
○まおちゃんは「いろいろなアンテナ」をいっぱい使っています。
子どもたちは友だちの一編の詩からたくさんのことを学びます。表現のすぐれたところだけでなく、「苦手だと思っていたことにあえて挑戦したこと」や「暑い夏休みに毎日二〇回も続けて練習した粘り強さやがんばり」など、友だちの生活ぶりまで、しっかりと学び合うのです。

最後に自分が書いてきた「ひと言感想」の感想を発表し合います。お家の人が書いてくれたものので自分の読めない場合は教師が読んで紹介します。この場面では作者が主人公です。友だちの発表ににこにこ笑顔でこたえ、とても嬉しそうです。

感想は発表し合うだけでなく、次号の文集にもそのままピックアップして掲載し、みんなのものにしていきます。

いくつか紹介してみます。
○まおちゃん、さかあがりできてよかったね。わたしもはじめてできたとき同じように思ったよ。一人だけのさいこうのきねん日、ていい言い方だね！
（みか）

○自分だけの「ひかることば」があってすごくよかったです。さかあがりができてぴょんぴょんはねてすごくうれしかったんだね。
（とらき）

○いっしょうけんめいれんしゅうして、さかあがりができたうれしさがあみにもつたわってきました。
（あみ）

○ぼくは、まおさんの「し」を見ておどろきました。ぼくもさかあがりできたらいいなと思いました。こんどおしえてね。
（けんた）

○夏の暑い日に何度も練習したこと、とってもえらかったですね。一人でやるのはとってもたいへんだったと思います。あきらめなかったからできた時、「さいこうのきねん日」って思ったんでしょうね。できて良かったね。おめでとう！
（しげきの母）

○一回読んだ時、初めて「さかあがり」ができた時の事を思い出しました。練習で手がいたかったことや一回転してびっくりしてからうれしさがこみ上げてきたこと。まおさんの詩で色々なことを思い出しました。
（しん二の母）

最後はまおちゃん自身のメッセージです。

○自分がこんなにうまく書けたのはこれがはじめてかもしれないので、またいい「し」をいっぱい書こうと思っています。
（まお）

次からつぎへと「さかあがり」に挑戦する子どもたち

まおちゃんの詩を読み合った後、休み時間には、次からつぎへとさかあがりに挑戦する子がふえてきました。班でできる子がコツを教え合っているのです。ある日のことでした。

「先生！　できた。マーリスくんがはじめてさかあがりができたあ！　見て！」

体育でみんなの前でやってもらったときは「そこまでできればあと少し」と励ましたばかりでした。がんばって練習した結果できたのです。みんなで大喜びでした。

「きょうは、マーリスくんのさいこうのきねん日だね！」と牛乳で乾杯です。

まおちゃんの詩は、学級の友だちを励ましました。休み時間に放課後に、さまざまな場面でがんばる姿が見られるようになってきました。

えっ、こんどは空中さかあがりに挑戦　友だちのがんばりをすごいなあと思ったとき詩が生まれます

ある日の体育の時間のことです。

「先生、まおちゃん、今度は『空中さかあがり』に挑戦してできるようになったんだよ。見て！」

友だちのことばに促され、みんなの前でまおちゃんがむずかしい技を披露しました。あっとい

う間のできごとでした。しばらく間があって、大拍手です。あの鉄棒が苦手だったまおちゃんが、実に楽しそうに、空中でおどっているように見えました。

「子どもたちは天までのびる」。この言葉を実感した瞬間でした。まさに子どもたちは無限の可能性をもっているのです。仲良しのゆかちゃんがその瞬間のことを、友だちのがんばりを、さっそく次のような詩にしてくれたことも嬉しいできごとでした。

まおちゃん

二年　ゆか

うわっ、すごいじゃん。
わたしはまおちゃんにとびついた。
てつぼうがにがてだったまおちゃん。
さかあがりができたと思ったら、
こんどは空中さかあがりに
ちょうせんだもん。

足をぴんっとのばして、
おなかがてつぼうからはなれるほど
ふりをつけて、すごいはやさで
ヒューンと回った。
もうわたしは、口も目も
あんぐりあけたまま、ぼうっと見ていた。

この詩もみんなで読み合いました。子どもたちの感想は次のようでした。

○わたしが気にいったところは、足をぴんっとのばしておなかがてつぼうからはなれるほどふりをつけて、ヒュ－ンとまわった。というところだよ。（まなか）

○ほんとうにすごかったよね。だっててつぼうがこわかった人にさかあがりができるなんておもってもみなかったよね。（ゆうじ）

○まおちゃんすごいよね。ゆかちゃんはまおちゃんが空中さかあがりをやっているしゅんかんをよく見ているなあと思いました。「口も目もあんぐりあけたままぼうっと見ていた」というところはゆかちゃんの「ひかることば」だね。（みか）

ゆかちゃんのお母さんは、次のようなメッセージを寄せてくれました。

○まおちゃんが空中さかあがりをやっている姿がよく書けています。がんばっているまおちゃんがピカピカですてきです。ゆかも早く空中さかあがりができるといいですね。

鉄棒名人と言われるほどのゆかちゃんでしたから、まおちゃんの空中さかあがりには、本当にびっくりでした。

このような詩を読み合うなかで、必死にさかあがりの練習を重ねていた男の子がいました。その子のこの詩に出合った時、胸がジーンとしてしまいました。

さかあがりのれんしゅう

二年　けんと

よし、きょうはおとうさんと
さかあがりのれんしゅうだ。
さいしょは、おとうさんが
おさえてくれたからできた。
つぎは、一人でやってみた。
とんでみたけど、しっぱいして
どたんとおっこっちゃった。
こんどはおとうさんが
教えてくれたとおりに
うでをまげて、えいっとやってみた。
ぐるんとまわってひとりでできた。
「ひとりでできたね」
とおとうさんが近づいてほめてくれた。
さいごにもう一回やってできた。
早道公園から帰るときは
もうあかりがついていた。

暗くなるまで公園でお父さんと練習し、「さいこうのきねん日」をむかえたけんとくん。この詩をみんなで読み合う時がとっても楽しみになってきました。

学級の子どもたち一人ひとりに「できたあ！　やったあ！」のあの感動の瞬間を……。そして「さいこうの記念日」を……。と願いつつ子どもたちと歩み続けたいと思っています。

(3) みんなちがって　みんないい
〜いろんな子がいることが「宝」〜

子どもってほんとうはやさしいのです

三月のある朝の出来事です。朝から一年生の子どもたちのかん高い声。

「先生、たいへん。事件です！」

「えっ、えっ、どうしたの!?　いったい何が!?」

朝から胸が高鳴ります。

「あのね、上田くんが学校に来たんだよ」

「えっ、ほんとう！　もうだいじょうぶなの!?」

「ぼく、まだリンパ腺はれているけど、もうだいじょうぶです」

と上田くんのはずんだ声。二週間ぶりの登校を自分のことのようによろこぶ子どもたちが、まわりにはあふれています。

六年生へのお礼の「マスコットづくり」に上田くんが取り組もうとすると、

「これ、こうするといいんだよ」

と手とり足とり面倒をみてくれたのが、なんとこうたくんとしんやくんとしょうたくんだったのです。

国語の時間に「ピーターのいす」の感想を上田くんがすすんで答えると、

「わあ、すごい。あんなに長く休んでいたのに、ちゃんとできる」

と声がかかります。すると、上田くんの顔がほころびます。

クラスの仲間っていいなあ、子どもってやさしいなあと、うれしさがこみあげるひとときです。そんなおだやかで仲のよい子どもたちを見ていると、一年前の一学期のころのことがなつかしくさえ思い出されるのです。

人間関係の交わりがむずかしい一年生

入学したばかりの一年生は、個性ゆたかでした。

こうたくんは、入学式の間じゅう、一人いすの上で脚を組み、腕を組んで、口をへの字に曲げていた子どもでした。

しんやくんは、二日め、「ちゃんとすわろうね」と声をかけたとたん、「なんだよう。うるせえな!」と固まって動かなくなってしまったのです。

しょうたくんは、ちょっと注意されると、ワアーンと大泣きする子でした。ちょっとしたまちがいも許せず、大パニック状態におちいり、まったく自己肯定感がもてないでいるのです。

こうたくんとしんやくんは、自分の欲求のままに行動し、おしゃべりが止められないのです。そのうえ、気に入らないことがあると、がまんできず、暴力をふるうのです。

幼児期のじゃれつきあそびの時代に経験してこなかったからでしょうか。けんかをすれば、すぐ手や足が出てしまうし、しかも手加減ができないので、とことんギャフンとやっつけてしまうのです。

そんなわけで、三人とも人間関係の交わりがうまくいかず、トラブルばかりです。

重荷を背負った子どもたち

とくに、こうたくんの言動が気になりました。目をつりあげ、斜にかまえ、「やりたくない！」「こんなのイヤだ！」「おもしろくない！」と文字を書くのが大きらい。いつも気だるそうなのです。何かある、きっと重荷を背負っているのでは……。直感的にそう思いました。そんな矢先です。

〝固く閉ざされた子どもの心とからだをひらいてあげよう〞とはじめた「おはなし大すき」（朝のスピーチ）で、こうたくんが、つぎのようなすてきな話をしてくれたのです。

おはなし大すき
おとうさんと、おんせんにはいったら、きもちよかった。
おんせんにもぐってみたら、
あつくて、とびあがっちゃった。
（こうた）

すぐに学級通信に載せて読み合いました。お父さんと仲よく露天風呂に入ってうっとりしている雰囲気が伝わってくる絵もついています。

「絵もじょうずだね。いいね！」

みんなでほめてあげると、久しぶりの笑顔です。

家庭訪問には、そのほんものの絵をもってうかがい、お母さんにこうたくんの「よいところ」をいっぱい話しました。最後に、「ちょっと心配なことがあるのですが……」と、学校でのようすを話しはじめると……。

「もし、先生からそのような話があったら、思い切って話そうと思っていたことがあったのです」と重い口を開いてくれたのです。

こうたくんは、複雑な家庭環境で育てられたこと、いまの父親とうまくいくようにきびしくしつけたこと、家では二人の弟の面倒をよくみて「いい子」であること……などでした。もちろん、翌日から私の彼を見守る目がちがっていきました。一年生といえども、けなげに人生を生きているのです。

親もつながる「おしゃべりカード」

何といっても、子どもたちを支えてくれるのは親たちです。とくに、一年生にとっては、親同士が仲よくなり、わかりあえることが大切なのです。はじめのうちは「おしゃべりカード」で、その都度自由に子育てのエピソードや悩みなどを寄せてもらい、学級通信で紹介し、交流をはかっていきました。最後には、「おしゃべりノート」（回覧ノート）をまわして、本音で語りあってきた一年でした。

家庭訪問後、こうたくんのお母さんから、こんなうれしい「おしゃべりカード」が届きました。さっそく紹介しました。

「こうたのとっても気のきくお手伝い」

きょう仕事がいつもよりおそくなり、帰りに家に電話すると、こうたが「お洗たく物、雨ふっていたからお部屋に入れといたよ」「それと食器もたくさんたまっていたから、洗っておいたよ」って……ビックリでした。いままで教えたこともお願いしたこともないのに……

こうたをたくさんほめてあげました。いつもの二十倍も三十倍も……もっともっと……。すると、てれながら「ぼく少しお兄ちゃんになった……」なんてすごくうれしそうでした。家庭訪問のとき、みんなの前で「おふろのこと」をほめられたのがうれしかったみたいで、いままでもお手伝いはすすんでやってくれていましたが、もっとがんばっています。

（こうたのママより）

この「おしゃべりカード」で、「こうたくんって、ほんとうはいいところあるんだね」と、こうたくんへの見方を変えたのは、学級の子どもたちであり、またお母さんたちでした。

ふれあいあそびで心とからだをひらこう

いまの子どもたちは、からだをふれあわせてあそんでいません。そこで、からだとからだがぶつかりあうたのしい「ふれあいあそび」をたくさん取り入れてきました。「どくへび」「ねずみとり」からはじめて、最後には「ハンターゲーム（人間がり）」「Sけん」まで。

最初はなかなか輪に入り込めず、うろうろしてしまうのがこうたくん。ちょっとしたルール違反を注意され、ワアーンと大泣きがしょうたくん。手加減できず、ついつい力んでしまい、相手を痛い目にあわせてしまうのが、しんやくんでした。

友だちから文句を言われ、批判されるなかで、ルールを守れるようになってくると、がぜんあそびのなかで輝きだしたのがこの三人だったのです。もともとすごいエネルギーを秘めていたのです。

「ぼくたちのチームに入って！」と引っぱりだこです。すっかりみんなのなかへ居場所ができました。「ふれあいあそび」の力はすごいものです。男女のへだたりなく、仲よくあそべるようになったのです。

だれにだって輝きがある

子どもはだれでも可能性を秘めているのです。どんな小さなことでもよいから、「できたあ！やったあ！」という体験をいっぱいさせ、満足感を与えてあげたいものです。さらに、みんなで「できたあ！」というよろこびも味わわせたいと考えました。

「あいうえおのうた」の暗唱に取り組みました。一番はしょうたくんでした。「すごい！」の声です。ところが、あと一人、どうしてもむずかしいのです。あまり無理をさせないほうが……と思っていたときのことです。何日かの挑戦の結果、ついにマスターしたのです。

教室は割れるような拍手に包まれました。その後、わかったのです。あそびの合間に、三人組が特訓してくれていたのだそうです。全員が「あいうえおのうた暗唱チャンピオン」です。この経験は、いろいろなところに生きてきました。だれか困難な子がいる場合、すぐそばで見守り励ましてくれる子が出てきたのです。一人ひとりがいろいろなチャンピオンになりました。

みんな響きあい学びあって劇づくり

たとえ一年生でも、信じて任せるとすごい力を発揮するんだ！　という経験をしました。年三回の「誕生会」の出し物は、自分たちの手で！　を合言葉にすすめてきました。一学期、二学期の積み上げと、学芸会の大成功の成果を生かすことができたら……と三学期は「学習発表会」と位置づけ、最後の授業参観は劇の発表会にしたのです。班ごとに自分たちでストーリーもセリフも考えた劇です。

三人組は「金ちゃん先生といたずら三人組」の劇で主人公たちの役です。三人が中心となって、つぎからつぎへといたずらを考えだし、金ちゃん先生を困らせるたのしい劇です。練習段階からアイデアを出し、喜々として取り組んでいましたが、当日は絶好調（？）。アドリブも飛びだし、会場を笑わせます。自分たちが表現したい中身を自由に表現できるということは、こんなにも子どもの心やからだを解き放つものかと深く考えさせられました。

練習途中、お互いの劇を見せあって批評会をしたことも効果的でした。子どもたちは、よいところをほめ、こうしたらもっとたのしくなる……とアドバイスもたくさんしあいました。まさに、みんなで響きあって学びあってつくりあげた劇でした。

当日のお母さんたちの感想です。

……ほんとうにたのしませてもらいました。「子どもってこんなことできるんですね」と先生のことばに私も同感です。たくさんの可能性を秘めている子どもたち、これからもたのしみです。こういう機会を与えてくださった先生に超感謝。学校教育にこういう時間がもっと取り入れられたなら素晴らしい教育になると思います。……

（かずやの母）

自分たちで考えたという劇では決められたセリフをおぼえることも大事だけれど、その場でのアドリブがとびかうなか、とまどうこともなく生きいきとたのしんでやっているところが素晴らしく、一年間の成果とクラスのみんながとても仲よくいいところを学びあっている姿を見ることができました。

（こうへいの母）

子どもたちって、友だちとぶつかりあって、響きあって、学びあって大きく成長していくものなんですね。そう思うと、いろいろな子どもが教室にいるということが、じつは〝宝〟なんだと思っています。

(4) 受けとめてくれる人がいると心を開き伸びていける

「先生、すごく感動したことがあったので、ご連絡します……」

こんな連絡帳を受け取った日は、朝から一日中笑顔です。教師をしていてよかったなあとつくづく思うのです。

さて、ある朝の連絡帳には、一人の女の子(まきちゃん)の〝ヘンシン〟のようすがくわしく書かれていたのです。胸がジーンとしてしまう内容でした。

まきちゃんは、一年生。入学してからずっと、ほかの子どもたちからの苦情があとをたちませんでした。ある日、まとまった時間を使って話し合ってみることにしました。

みんなに困ることを出してもらったところ、「かむ」「ひっかく」「いやだと言ってもやめない」「うそつき」「らんぼう」「すぐたたく」「あやまってもすぐまたやる」「なんでも一人じめにする」……。つぎからつぎへと子どもたちの口から出たことばは、私の予想以上のものでした。ほとんどの子どもに対して、何らかのかたちでかかわっていたのです。見えていなかったな……と、反省したものです。

まきちゃんのところは、母一人子一人。家庭訪問で知ったのですが、昼も夜も必死で働くお母さんを支えているのがまきちゃんだったのです。私は、子どもたちに、「でも、まきちゃんにもよいところもいっぱいあるでしょう?」と投げかけてみました。

「ハムスターの小屋そうじ、じょうずだよ」

「給食当番が困っているとき、すぐ手伝うよ」

「落ちていたゴミもすぐ拾うよ」

と、けなげな子どもたちは、しっかりまきちゃんのよいところも見ていたのです。私が、「おうちでもすごくはたらきものなのよ。まきちゃん話してみて」と促すと、とろとろと話しはじめました。

「朝起きたら、まずきょうの朝ごはんをどうするか考えるの。めんどうくさいときはコンビニへいくの。ごはんをつくるときもあるの。みそ汁やたまごやきをつくるの。それからお母さんを起こして学校にくるの。夜はお母さんがお仕事に出かけるので、八時には一人で寝るの。……」

子どもたちは、同じ一年生のまきちゃんの生活を知り、びっくり。と同時に、まきちゃんの別の一面を知り、認識を改めたようでした。まきちゃんも「もう人のいやがることをやめるね。ごめんなさい」と、深く反省したようでした。

こんなかたちで話し合いを終えたあとのこと。まじめなみよちゃんがこんな作文を書いてくれたのです。

「わたしは、さいしょは、おともだちになりたくなかったけど、でも、まきちゃんはすごいからおともだちになりたいです。こんどから、いじめたりしないでね。でも、わるいところより、いいところのほうがたくさんだとおもいました。じぶんでごはんをつくったりすることができるなんてびっくりしました。おとなのことをしているんだね。すごいね」

いままでまきちゃんの行動が理解できず、批判の中心にいたみよちゃんがこんな文章を書いてくれたのです。紹介してやると、まきちゃんもとてもうれしそうでした。

その後、表面的には少しずつ問題行動がなくなっているように見えましたが、特定の子への弱い者いじめをすることで、ストレスを発散しているようでした。事件はつづきましたが、「事ありて教育」「失敗は宝」を合言葉にその都度みんなで話し合ってきました。

そのころのことでした。弱い者いじめの対象だった女の子のお母さんから、うれしい連絡帳が届いたのです。「先生すごく感動したことがあったのでご連絡致します。実は学校に用事で出かけた時のことです。まきちゃんが大きな涙をこぼしながら、『おばさん、ごめんなさい。いつもいじめていて。これからはもうしません』とあやまってきたのです。あまりにも感動したので、彼女のほっぺを両手ではさみ『いいのよ。おばちゃんあなたのこと大好きよ』といってあげたのです」という内容でした。まきちゃんの行為そのものにも感動しましたが、このお母さんの愛情あふれるメッセージに胸がいっぱいになりました。

まきちゃんに大きな変化があらわれたのは、そのあとでした。やさしさが出てきたのです。そして、ついに、まきちゃんのお母さんも、「おしゃべりノート」(親の回覧ノート)にはじめて登場してくれたのです。


2月1日(月)まきの母です。

みなさん　初めまして
今回このノートに初めてペンをとります。

私はこういう文章などがとても苦手で、子どもの「別に書かなくてもいいみたい」という言葉に甘えていましたが、そうもいかないので書かせて頂きます。

今日は初めてという事で、みなさん家族の事が多いので、私もそうしようと思います。

我が家は、いろいろ事情がありまして、まきが2才位から母子家庭なのです。もちろんひとりっ子なので、家でみせる顔と学校ではずいぶんちがうという事を、小学校に入ってからだんだん、わかってきて、困っている今日この頃です。家では、お手伝いはもちろん、お米とぎから、おちゃわん洗いまで、何でもすすんでしてくれるいい子です。学校で、少し小耳にはさむぐらいなのですが、けっこう自分勝手らしいのでとっても心配です。まあまだ一年生だし、これからだと思いなおしております。私は、おはなしすれば長くなりますが、昼も夜も仕事なので、あまりまきをかまってやれません。みなさんの家庭を読ませて頂くととてもうらやましいかぎりですよ。

だからといってではないのですが　親子2人はとてもきずなはかたいと思っております。

いろいろご迷惑をおかけすると思いますが　よろしくお願い致します。

私も、とりあえずかろうじてまだまだがんばらなくてはいけないので、少し楽ができるまで、まきにはがまんをしてもらおうと思っております。

あと、家はひとりっ子でけっこう若い時の子なので、しつけや何か子育てについて何かアドバイスなどありましたら、ぜひぜひ教えて頂ければとてもうれしいです。

（充分このノートでよくわかるのですが……）

すごく汚い字で申し訳ありませんでした。

家庭の事情まで詳細に記し、子育てへのアドバイスをお願いしたのです。子育てのみんなの輪が広がるなかで、子どもたちは苦悩しながらも大きく伸びていけるものなのですね。

このようにすてきな子どもたちのドラマに出会える教師って、いいものですね。そんなことを思ったできごとでした。

受けとめてくれる人がいると、大きく伸びていける

また、ある共働きのお母さんから「家族おしゃべり会」の話を聞きました。「今日は、楽しかったシリーズです。一番。一年生のじおう君どうぞ！」「休み時間に校庭でオニごっこして楽しかったです」「だれとしたんですか？」「たつや君です」「どうやって逃げたんですか？」……。姉や兄、父母の質問で話がどんどん広がって、みんなで大笑いするのだそうです。一年生の最初の頃は、学童保育の話が多かったそうですが、そのうち、クラスや授業の様子も話すようになったそうです。共働きの忙しい毎日なので、せめて夕食時、家族との会話の時間を確保したいという願いから出発したそうです。

子どもだけでなく大人も、失敗談も含めて明るい雰囲気のなかで話せる場があるということは、たいへん幸せなことではないでしょうか。なによりも、自分の話を喜んで聞いてくれる相手がいるということがとても大事なことです。ありのままの自分を出しても丸ごと受けとめてくれる人がいるからこそ、子どもたちは心を開き、大きく伸びていけるのではないでしょうか。毎日は無理でも、休日の夜などにぜひ「家族おしゃべり会」を開いてみてはいかがでしょうか。自分が自分であって大丈夫と、安心して自分を出せる場所を「家庭」にこそだと思います。

(5) やさしさあふれる学級を
～てこずらせた子も、今はあこがれのまと～

先生、おたんじょう日おめでとうございます。先生いつもやさしくしてくれてありがとう。わたしは金田一先生がいてくれていつもにこにこしていられるのでとてもおちつきます。いつまでもやさしい先生でいて下さい。

（ゆみ）

先生がいつもいい顔をしてくれるのでとてもうれしいです。それからおべんきょうをやさしくおしえてくれてありがとう。これからも楽しいおべんきょうにして下さい。

（なつ）

誕生日を前に私を喜ばせようと内緒で回覧したノートには、自分の似顔絵とともにそれぞれの想いが綴られていて、最高のプレゼントでした。子どもたちのやさしさに、感動いっぱいの日でした。

教師の笑顔で心が落ちつく。

楽しい勉強にして下さい。

このようなちょっとした文章の中にも子どもたちの願いがこめられていて、はっとさせられます。小学校の低学年では一日中子どもたちと生活を共にします。一人ひとりの居場所があるだろうか。笑顔で毎日を過ごしているだろうか。悩みが出し合えるクラスになっているだろうか……。自問自答する毎日です。

どうせばかだもん

この頃、社会の矛盾をもろに受けてか、深い悩みを背負ったまま入学してくる子どもたちの話を多く聞くようになりました。一年生担任の苦労話もたくさん聞きます。

実は、私も四年間位続けて悪戦苦闘?する日々がありました。その中で特に感じたことは、子どもたちの力のすばらしさと、仲間たちのあたたかさでした。

入学してきた子どもたちはさまざまな問題を抱えていました。みつおくんもその一人でした。学習には全然興味を示さず、机の上にうつぶせになるか、お絵かきの毎日。はだしで机の上をかけまわります。そんなことぐらいでは驚かない私も、トイレに行くにも上ばきをはかないことと、友だちの食べ残しのとりのからあげのスティックを食べていたのには、さすがにびっくりでした。

かずみくんの場合は、机の下にもぐり、自分の思いどおりにならないとパニック状態。奇声をあげたり、最後には机をバタンと倒してしまうのです。

先生大へん、みつおくんが……。かずみくんが……。学級の子どもたちも落ちつきませんでした。

「おいら、どうせばかだもん……」

「どうせぼくなんか何もできないもん……」

と、二人とも一年生にして自信をすっかりなくしているのです。よくよく考えてみると、本当にこの子たちが気の毒で、かわいそうでなりませんでした。

「あるべき姿」を強く押しつけることから始めるのでなく、二人の今ある姿をありのままにしっかりと受けとめてあげようと心に決め、一番大きな発達課題を抱えたこの二人を中心にすえて、学級作りを始めようと思いました。どんな簡単なことでもよい、できた！　やったあ！　という経験をさせてあげよう。そんな時、学級のみんなでほめて認めてあげよう。二人のことを注意深くみていると、日が経つにつれて見えてきたことがあったのです。

ほめてくれる友だちがいる

幸い二人は、学級の子どもたちに受け入れられるものをたくさん持っていたのです。

みつおくんは持ち前の明るさとひょうきんさ、そして、生活力、本も大好きでした。かずみくんは、本が大好きでものしり博士、そして折り紙の名人だったのです。担任の私はみつおくんと、かずみくんに寄りそっていこうと決意したものの、事件の連続に思わず大声も……。〝しまった！〟としょげかえっていると、学級の子どもたちが助けてくれるのです。

「でもね先生、みつおくんね、こんなことができるようになったんだよ……」

子どもたちががんばりを報告してくれるので、おうちの人たちも二人の見方をかえ、応援してくれました。

作文が一まい書けたといっては、ほめてくれる友だちがいる。みんなの知らないことを知っているといっては、すごい！　とほめてくれる友だちがいる……。出し始めた子どもたちの学級新聞でも、二人のがんばりを取り上げてくれたのです。小さな子どもたちは事件がおこる度に話し合いを持っていたものですから、その度に何が大切なことなのかを学び合いました。同時にこの私も「子ども観」を、子どものすばらしさをたくさん学んだのです。

「金ちゃん先生　元気？」

悩みを聞き常に励ましてくださる学年の先生方の支えは、こういう場合大きな力になるものです。休けい時間はいつも子どもの話になり、適切なアドバイスをして励ましてくれたのです。また、いつも子どもを中心に物事を考えてくださる管理職の人の存在も大きいものです。前任の教頭さんは、

「きっと面倒をみてほしいとそういう気の毒な子どもたちは、子どもたちの方から選んで先生の方へやってくるのですよ……。みつおくんも、かずみくんもずいぶん成長してきていますよ……」と、常に励まして下さったのです。

この時の学校は、縦わり清掃も取り入れ、縦わりを利用した集会活動などで、どの学年の子どもたちも、全校の先生でみていました。

子どもたちも教師から信頼され、六年生が低学年のあこがれ的存在にもなっています。

一、二年のとき担任した児童会の会長が就任のあいさつで、「……やさしさのあふれる学校にします。……」と言ったときには、嬉しさがこみ上げたものでした。「ヤア、金ちゃん先生元気！」と、高学年になったかずみくんも、みつおくんも、なつかしさいっぱいで語りかけてきますが、その姿はすっかりと落ちついて頼もしい限りです。「いじめ」の問題も重視し、人権を大切にする教育の一貫として、『わたしのいもうと』という本（松谷みよ子作）を必ず読み聞かせ話し合っています。子どもたちはこのような感想文を書いてくれました。

わたしのいもうと

二年　ゆき

四年生の時てん校してきていじめられたらいやだよね。きゅうしょくをくばるとだれもうけとってくれなくていつもなかまはずれなんて…。そんな学校行きたくないよね。遠足でも一人だなんて。ことばがちょっとちがうだけでいじめるのはひどいよ。一人でも友だちになってくれればはげましてくれるからいいけど、だれもいないなんて。わたしがその妹さんの四年生の時にもどって友だちになってあげたかったな。もし青梅だい一小学校に来てたらみんななかまはずれにはしないよ。友だちがたくさんできていじめなんかないよ。大きいお兄さんやお姉さんもやさしいいい学校だよ。わたしもとびばこができないけど気にしてないよ。わたしのクラスにもてん校生がいるけど、みんなでてん校して来たその日から友だちになってあげたよ。わたしだったらいじめた人たちに立ちむかっていくよ。ゆう気があればみんなが友だちになってくれるんだよ。

書名『わたしのいもうと』著者　松谷みよ子
発行所　偕成社

(6) だれでも「ヘンシン願望」をもっている
～ひなちゃん大ヘンシン～

いい顔になった理由は……

「先生、だれでも〝大ヘンシン〟できるんだね」

その時、これが学級の子どもたちの合いことばになりました。一年生のときから気がかりだった子が、そのころつぎつぎと〝大ヘンシン〟の時を迎え、クラスがわいていたのです。ひなちゃんも、その中の一人でした。

ひなちゃんは、小さな女の子です。

「あのね、先生、私ね……」

と愛くるしい瞳で、あふれ出てくることばを一気に話そうとする、お話上手な子どもでした。

ところが、友だちとのかかわりになるとうまくいかず、強い口調でいわれたり、自分の思いが届かないとみるや、ギャーっと泣き叫び、まわりが困りはてるという状態が続きました。「私の人生はもうダメ」なんて大人びたことばを叫び、パニック状態に陥ることも。トラブルが起きたときは、双方のいい分を、ことさらていねいに聞かないと納得できませんでした。

お母さんは「自分の子育てが悪かったのかしら。ちょっと過激に叱りすぎておさえすぎたのかしら」と、いつも連絡帳で長文の悩みを寄せてくるというように、まじめな人でした。その度に、ひなちゃんのがんばりを伝えながらはげましてきました。

二年生の二学期のことです。「いねかりの絵」や「あそびの絵」など、展覧会に向けての取り組みがはじまりました。のびのびとしたデッサンで、「ひなちゃんの絵すごい！」と、いつも注目の的で、みんなのお手本になりました。

朝のスピーチでは、六十文を超す長文の話をはっきりした声でスラスラと……。わがクラスのお話チャンピオンでした。

友だちとのかかわりも、少しずつ上手になってきました。十時休みには、活発な男の子の間に入って、小さなからだでドッジボールをする勇気まで出てきました。ところが、「ボールをあてられたの」「ボールをとられたの」といっては、大粒の涙を流し、口をとんがらして訴えてきます。男の子からは、「ひなちゃん、ボール持って逃げちゃうんだよ」との訴えが……。

内心は「あらあら」と思いつつ、「あなたが男の子の中に入ってあそぼうとする勇気がすばらしいと思うよ」と、はげましてきました。と同時に、そんなひなちゃんをめんどうくさがらず仲間に入れてくれる男の子たちの心意気がうれしくもありました。

そんなひなちゃんのよさが、学級の子どもたちにも見えはじめた二学期のある日のことでした。やわらかな顔を見せ、パニックも少なくなってきたのです。いつも、すてきな笑顔です。

「ねえ、ひなちゃん、このごろ落ちついているね。いつもニコニコして、いい顔しているね。なにかいいことあったの？」

と、問いかけてみました。

「うん、じつはね。……」

と、秘密を打ち明けてくれたのです。

「わあ、そのこといい詩になるわねえ」というと、こんなほのぼのとした詩にしてくれました。

ひみつ

二年　ひな

あのね、
わたし、ラブレターもらったの。

「きみが　すきだよ。」

と書いてあったの。

うれしい〜!?

五十回ぐらい　じゃんぷしたの。
においをかいだら
だれかわかっちゃった。
わたし、はずかしくなっちゃったの。
それがね、

つくえにだいじにしまっておいたのに
その　はへんもないの。
でも、うれしいので

いつもはさわぐのに
あばれるのをがまんしているの。

この詩を学級文集に載せたいと話すと、まわりの男の子はソワソワ。ほっぺを赤く染めて、「もしや自分の名前が出てくるのでは……」と大さわぎ。「大丈夫よ。相手の名前はないのよ」というと、ほっとしたようす。ふだんはにぎやかな男の子たちの思わぬあわてぶりに、子どもって愛らしいなあと、つくづく思ったものです。

「ヘンシン願望」を大切に

「きみがすきだよ」と、相手が自分のことを認めてくれた。こんなうれしいことはありません。自分の存在がまるごと認められ、受け入れられたのです。このラブレターの威力はすごいものです。ひなちゃんは、パニックが起こりそうになると、自分でもおさえるようにしているのだそうです。

学級の子どもたちは三十六人。じつにさまざまな個性をもっています。東京の中では自然のゆたかな青梅の学校でも、社会の矛盾を小さなからだに背負い、苦悩している子どももいます。通りすがりに「ムカツク」からといっては、友だちにパンチしていた子。月曜日になると休みがちだった子。持ち物がぜんぜん用意できなかった子。学級の子どもたちの前では、大きな声が出せなかった子……などなど。

しかし、だれでも、よりよい方向へのびていこうとする「ヘンシン願望」をもっています。学級の子どもたちどうし、ぶつかり合いながら、ひびき合いながら、はげまし合いながら、大きく「ヘンシン（成長）」してきました。

一人ひとりのよさやがんばりが、学級のみんなから認められ、しっかりと自分の居場所が位置づいたとき、大ヘンシンしたように思います。

だからこそ、心地よい時間と、居場所づくりのためにも、子どもたちとたのしい教室をつくっていきたいなと思っています。

「ひがん花」２年生のまおさんの作品

第二章

児童詩　このよきもの

(1) 子どもの笑顔が輝く児童詩教育を

はじめに

子どもは、本来どの子もみずみずしい感性をみなぎらせて、この世の中に誕生してきていると思います。小さな子どもの何げないつぶやきには、はっとさせられます。一年生に入学したばかりの子どもの「口頭詩」は、とても楽しいものです。

ぼく

一年　かい

ねえ　せんせい。
どうして、がっこうでは
「ぼく」っていわなくちゃいけないの。

おれじゃだめなの。
「ぼく」っていうのはずかしいよ。

この詩に出合い、はっとしました。鋭い感性が光っています。

せんせい

一年　えいた

せんせいのこと
おばあちゃんとよんじゃったよ。
だって、ぼくのおばあちゃんのこえに

そっくりなんだもん。
こえが、とっても
やさしいんだもん。

一年生にとって〝やさしい先生〟の存在がことのほか求められているのですね。

このように思わずつぶやいたことばに教師や親がその子と同じ思いで耳をすませたり、見つめたりできるところから、子どもたちのみずみずしい感性が磨かれていけるのだと思います。

児童詩教育を通しての願い・想い

私は、「心やさしく、人間性豊かな子どもに育てたい」と児童詩教育を通して学級作りを進めてきました。生活者としての子どものあるがままの姿や心を知り、一人ひとりを大切にした教育をしたいと願ったからです。

また、ものや人や自然に豊かにかかわることにより、ものの見方感じ方、考え方を確かなものにしたいと思ったからです。そして、友だちが書いた詩を読み合うことにより、だれもが主人公となり、一人ひとりの居場所づくりを進めたいとも考えました。何よりも感受性豊かな子どもに育ってほしいと思いました。

長いこと教師を続けてくる中で、苦悩する子どもの心とたくさん向き合ってきました。その度に、児童詩教育を中心にした学級作りを進めて来て本当によかったと思ったものです。それは、子どもの心と体を開き、自分の言葉でのびのびと表現させることの中に、その秘密があったように思います。詩を書き読み合う前に、何でも本音で話せ、それをあたたかく受け止めてくれる学級の雰囲気作りが大切なことでした。一つの作品を親子で読み合う中で、子どもの理解も進み、バラバラな心がつながり合えたことも大きな意味を持っていたのではないかと思います。

みんなで読み合いたい　心に残っている詩（本書の実践の中には登場しない詩）

あめざいく

一年　さや

すみよしじんじゃのまえで
あめざいくをやっているのをみたの。
水あめをまるめたり、のばしたり
はさみで、チョンチョンきったり
おじさんの目は
水あめをじっと見ている。

あかや、あおや
ピンクのいろをつけたり
おじさんの手は
くるくるはやくうごいて
あっというまに
りゅうや、うさぎができあがる。
おじさんの手は、まるできかいみたい。
どうして、あんなにうまくできるか
ふしぎです。

じいっと目をこらして見つめているさやさんの姿が目に浮かびます。まさに〝発見から詩が生まれる〟です。じっくり観察することが大切ですね。

金ちゃん先生

一年　たく

金ちゃん先生ってね。
すごいんだよ。
おてがみ
百五ごう
だしたんだよ。
こんどは、
百十ごうを
めざして
いるんだって。
つぎは、なんごうを
めざすんだろう。
ぼくの「し」がのったとき、

うれしかった。
ぼくは、そのおてがみをもって
とびあがってた。

このような詩に出合うと、ますます張り切って通信を発行しなくては……と励まされたものです。自分の作品がのった時の嬉しさがよく伝わって来ます。

おとうと

一年　やすたけ

おとうとは、四さい。
ひとりでおふろにはいるんだって。
いつもは、ぼくとはいっているのに、
すごいな。
なんでだろう。
おとうとが、
「わあ、いい気もち。」
と、おふろからでてきた。
うでをくんで、

「おっほっほ。」
と、にっこりわらった。

ちょっとせいちょうしたな。

会話が入ったことで、とても生き生きとした詩になりました。弟の成長をやさしく見守るお兄さん。すてきな兄弟関係です。

だっこ

一年　きょうすけ

あかちゃんをだっこしたよ。
ちょっと、おもくなっていたよ。
だけど、がまんしたよ。
あかちゃんが、目をぱちぱちさせて
いたんだよ。
そのうち、まゆげをよせて
しぶい顔をしたんだよ。
なくとおもったら、ねちゃったんだよ。
おかあさんが、
「すごいね。」
と、ほめてくれたんだよ。
ぼくに、しっかりつかまって
いい気もちでねてるんだよ。

赤ちゃんの表情をじいっと見つめてのがさず、よく表現しています。ねむるまで、ずっとだっこし続けたお兄さん。けなげですばらしいですね。

ゆずぶろ

一年　なおと

おかあさんと、おふろにはいった。
おふろの中にゆずをいれた。
ゆずがぷかぷかとういた。
おかあさんがかたまで
ドプンとはいった。
ゆずがおふろからとびでそうだった。
おかあさんと
「いいゆだな」のうたをうたった。

ゆずぶろにつかりながら、親子で「いいゆだな」の歌、最高ですね。このような豊かなゆったりとした親子関係、今こそ大切にしたいです。

雪虫

二年　ちほ

あっ、雪虫だ。
やっとつかまえた。
はねをもってよくかんさつした。
なんと大はっ見。
あの白いのは毛だった。
中ゆびでそうっと、さわってみた。
ふわふわだった。
あんまりじたばたするから、
そうっとにがそうとした。
雪虫は、ふわんふわんと

なみせんを引くように
とんでいった。

最後の二行がちほさんらしい表現ですてきです。記述の授業のなかでは、「自分らしい表現＝光ることば」を必ず入れようと呼びかけてきました。詩を書くということは、ことばの感性をみがくことでもあります。

こわされていくゆうぐ

二年　みお

ガー、ガガー
あっ、校ていのうんていが
こわされていく。
一年生かられんしゅうして
やっと半分までできたのに。
ジャングルジムも
すべり台も
ぶらんこもみんなこわされていく。
心の中で大なきした。
ゆうぐも、ないているように見えた。
新しい校しゃを作るには
かなしいこともあるんだね。

「ガー、ガガー」という音から書き出しているところが読む人をひきつけます。新しい校舎をつくるのにゆうぐがこわされていくようすが目に浮かびます。心の中で大なきしたたまらない気もちがよく伝わってきます。

雨の日のほう石

三年　ゆずか

雨の日、車で出かけたら
雨のしずくのついたまどガラスが
目にとびこんだ。
きらきらしていて
まるでほう石みたいだ。
がいとうに当たると、色もかわる。
赤いしずく。
レモン色のしずく。
つぎつぎとかわる色のしずくに
見とれてしまった。
「きれいだなあ。光の国にいるようだ。」
思わずつぶやいた。
弟に
「何、言ってんの。ねえね。」
と、言われてしまった。
一年生には
この感動はわからないだろうなあ。

雨の日もこのように見えてくると不思議です。何だが心もうきうきしてくるようです。最後の二行があることで、一年生とは違い、成長した姿が伝わってきてほほえましいです。

勇気を出した一しゅん

六年　光世

どうしよう。
私は、今迷っている。
あいさつしようかなあ。
通学路のそばの家に住んでいる
おじさん。
初めて見た人。
「あの。」
私が小さな声で言ったが気づかない。
おじさんは、少しこわそう。

どうしよう。
「おはようございますっ。」
やっと勇気が出た。
おじさんは、にこっと笑って
「おはよう。今日も寒いね。気をつけて
　学校に行っておいで。」
と言ってくれた。
勇気を出してよかった。

どうしよう。迷ったところから話が始まり、光世さんの心のゆれが伝わってきます。初めての人に勇気を出してあいさつをしたことがすばらしいことです。おじさんがあいさつ以上の言葉を返してくれて、勇気を出してよかったと心から思えます。おじさんのような大人がいっぱいの世の中にしていきたいですね。

子どもたちってすばらしい!

子どもたちは、教師の言葉、姿、形だけでなくその生き方にまで注目して、実によく見ています。その影響力に身がひきしまる思いがします。
次の詩に出合った時の感動は、今でも鮮烈によみがえります。まさに、「わたしのたからもの」のような詩です。

先生のたからもの

二年　ゆか

ちょっとぬのが切れて、
わたが見えている先生のふでばこ。
チャックのところがほとんどボロボロ。
でも、ていねいにぬってある。
こいみどり色のぬのに
お花のもようがうき出ている。
先生のお友だちが
作ってくれたんだって。
先生はいつも
だいじにかかえている。

お気に入りなんだ。
もう、六年間もつかっているんだって。
ちょっと古いけれど
それがいいかんじだ。
思い出がいっぱいつまっているんだ。
金田一先生にぴったり。
あのふでばこは、
きっと先生に
元気とやる気をあたえている
たからものなんだね。

今は亡き友が、一針一針ていねいに縫ってくれた、パッチワークのふでばこ。転任の折に、プレゼントされたもので、どんなにすり切れても、手ばなせないでいるまさに「たからもののふでばこ」でした。

この詩とともに私の教師人生を支えてくれました。

子どもたちが「生きるってすばらしい」と思える世の中を、学校を、教室を作っていくために、まだまだ力を出さなくては……と思う日々です。

（2）苦悩する子どもの心に寄りそって
～友だちを見つめて、自分を見つめて～

先生、こっちをむいて、話を聞いて！

「むかつくの、イライラするの、叫びたくなるの」と朝から、口をとんがらせているまみちゃんは、スイミングの選手コースに入って目いっぱいがんばっている女の子です。

むかつく心をおさえきれず、さまざまな行動をとりながら、静かに自分を見つめる機会をもつとこのような悩みの詩を書いてくるのです。

自分

二年　まみ

どうして自分をかえられないの。
おうちでもわるい子だし、
学校でもわるい子なのに。

いつ自分をかえられるの。
早く自分をかえたいなあ。
学校にきたら、すぐつくえの上に

のっちゃうし、友だちにいばっちゃう。
いつもわるい子になっちゃう。

早く自分をかえたいなあ。

勉強熱心で友だち思い、なんでも自分でテキパキとこなすいわゆる「よい子」のみっちゃんは、五問の漢字テストでたった一つちがっただけで「こんなの家に持って帰れない」とくやし涙を流し、ビリビリに破いてゴミ箱へ捨ててしまいます。

「ぼくどうせできないもん」と、新しい課題に出合うとたちまちパニック状態におちいってかたまってしまう子、「バカ、死ね」と何か気に入らないことがあると相手を傷つけることばを投げつけ、暴力をふるう子。逆に注意されると、大泣きしたり、すねたり、ふてくされたり、机の下にもぐりこむなどガラス細工のような細かい神経をもつ子。子どもたちはすでに小学校低学年のうちから、ストレスをためこみ小さな心で苦悩しているのです。

この数年間で一番気になるのは、低学年のうちから成績を気にし、点数にこだわる子です。「どうせ、ぼくなんかばかだもん」「私の人生、もうだめ」と最初から自信をなくし、あきらめている子です。すでに小学校の低学年から、自己肯定感をもてないでいるのです。

子どもたちは「もっとこっちを向いて」「自分のことをわかってほしい」「わたしだけを見ていて」「ぼくの話をちゃんと聞いて……」といわんばかりにさまざまな行動をおこしぶつかってき

ます。原因はいろいろでしょうが、少子化、長時間労働、能力主義、価値観のゆれ、幼児期の遊び体験の不足、低学年直撃のつめこみの学習指導要領の内容などの問題が複合しているのかもしれません。

子どもがおとなより先にくずれたり、悪くなる社会などありません。「競争原理にもとづく効率主義」の社会の中で、もっとも弱い立場の子どもたちが叫び声を上げはじめたのに違いありません。

苦悩する子どもの心と向き合って

よしきくんは、屈たくのない笑顔の持ち主です。ところが、一たび爆発すると手がつけられない状態になってしまうのです。きっかけは何でもよいのです。「二番目に指名された」「友だちに注意された」「課題ができない」など、ただそれだけでパニック状態になるのです。一度パニック状態になると、感情がコントロールできなくなり、扉や壁をけり、物を投げ……というようにしばらくはおさまらないのです。「バカヤロー」「人殺し」「いじめるなあ」……ありとあらゆる言葉を発してどんどん深みにはまっていってしまうのです。机をバーンと倒したり、プリントをびりびり破いたり……パニック状態がおさまるまでは、しばらく見守るしかなくて、強く出ようものなら、ますますエスカレートしていって止まらなくなってしまうのです。

「子どものありのままの姿を受け止めてあげることが大切」「あるべき姿を押しつけるのではなく、子どもの悩みに共感しながら共に考えていくことが大切……」。このような「子ども観」を教職員組合の会議で提案する立場でありながら、いざこのような現象に直面すると、どぎまぎしてしまう自分がいたのです。

ぼくなんか生きてたってしかたないんだ

ある日のことでした。いつものようにパニック状態におちいってしまったよしきくんは、作文などがとじてあるファイルの中味をわざわざ取り出して、バラバラと投げ出しはじめました。いっしょうけんめい学習している友だちの頭の上にふりかかります。しばらく様子を見ていました。思わず、「やめなさい！」と、大声を出しました。

すると彼は、ぱっと廊下に逃げて、なんと何も支えもない二階の窓の所に立って、「死んでやるー」と手を離し、教師を呼ぶのです。

「危ない！」

背中を冷たいものが走りました。あわてってはいけない、あわてってはいけない。自分にいいきかせながら、そうっと近づいて、抱きながら降ろしてあげました。

「どうしたの？　どうしてこんなことをするの？」

せいいっぱいやさしく聞いてあげると、

「ぼくなんかもう死んじゃったっていいんだ」

「ぼくなんか生きてたってしかたないんだ」

「ぼくなんか何も役に立たないんだ」

と、言うのです。たった八歳の彼がです。

体はコチコチとこわばっているのです。

「そんなことして、怪我でもしたり、もし大変なことになっちゃったらどうするの……。とっても心配。だって一つしかない大切な命なのよ。先生、あなたのこと大好きなんだから……」

手を握りしめ、抱きかかえながら、メッセージをおくり続けました。

彼の体から、スーっと力が抜けてきました。彼の大きな瞳からは、大粒の涙がぽろぽろぽろぽろとあふれ出しました。顔つきは、いつのまにかやさしくなっていたのです。

実は、彼は家庭ではとっても「よい子」なのです。「教研集会」でわかったことなのですが、大暴れする子どもたちは、たいがい家では「よい子」であり「お母さん」にはパニック状態におちいったことなど知られたくないのです。家では本当の自分を出せないでいるのです。どうやら、「よい子」を演じていて、そこでたまったストレスを学校の中で発散させているらしいのです。

彼も落ちつくと必ず言うのです。「ねえ、お願い。このことお母さんに言わないで……」と。なんだかかわいそうでなりませんでした。

放課後、二人だけになると、「ねえ、遊んで……」と追いかけっこをキャーキャーと楽しむその姿は、むじゃきそのものでした。

お母さんも悩んでいたのです

彼の場合は、友だちとのかかわりあいがうまくできず、友だちの家に遊びに行った時でも、ちょっとしたトラブルがもとでパニック状態になり、マンションの二階の外壁にのぼって「死んでやるー」などと同じことをしたりしていましたので、友だちのお母さんからも、「先生、もし、落ちたらと思うとぞっとします。どうしたらよいのですか……」と、情報が届きます。どうしたものかと悩みましたが、彼のお母さんの依頼で、こまめに学校であったことを直接電話等で知らせ、密接に情報交換するなかで、指導の糸口を見つけようとしたのです。学校での行動におどろくことばかりのようでしたが、悪いことばかりを注意するのではなく、よい面を認めて、ゆったりと彼を受け止めてほしいとたのみました。

ですから、その日のうちで、がんばったことなどを、ことさら、くわしく伝えるようにしてきました。

最初のうちは、「先生がやさしすぎるから、だから甘えているのでは……。一年生の終わりには落ちついてきたのに……」と担任のやり方を非難する言葉もありましたが、毎日の電話のなかで、お母さん自身が心を開いてくれたのです。

「先生、もういろいろありすぎて……。おもちゃをこわしたといっては、あちこちから抗議の電話や訪問があったりして、一時は、この子をつれて死のうと思ったこともあったのですよ……」と、電話の向こうは涙声です。病気がちなお母さんは、自分の知らない場所で彼が様々なことをおこすので、深く苦悩していたのです。このお母さんをも支えてあげなくちゃ。できるだけ彼のよさを見つけて知らせてあげようと思ったものでした。

さびしい心を受けとめてあげよう

「あああ、どうしたものか……」

正直いって悩みました。彼がパニック状態におちいると、授業が中断してしまうのです。定数ギリギリの日本の学校のつらいところです。彼につきっきりの人がいれば、パニック状態におちいらないですむのかもしれないのに……。出るのはため息ばかりでした。

でも、校内で事情を知った養護の先生、学年の先生をはじめ他の先生、事務室の主事さんや管理職が、彼をやさしく受け止めてくれるので大助かりです。一人ではつぶれてしまうのですが、まわりの支援体制ができていると、担任は本当に助かるものです。学校の中に、子どもの問題をすぐに出せる場があるということが、本当に大切だと思います。私の職場では、毎週金曜日の職員朝会の場が、生活指導の話し合いの場となっていたのです。

「どうして、ああなってしまうんだろうね」と、たまたま彼がいない時、学級の二年生の子どもたちと話し合ってみました。

「寂しいんじゃないの」と、みっちゃんが言ったのです。

「えっ、どうしてそんなことがわかるの。すごいねえ」

私は、子どもたちの鋭い感性にびっくりしてしまいました。

「もし、あの子は乱暴だからいやだって、みんなが相手にしなかったとしたら、どうだろう。耐えられないんじゃないのかな。みんなだったら、どう？」

「ぼく、いやだな」「私だったら、やだやだ」「かなしくなっちゃうよ」

「みんなでどう助けてあげたら、いいんだろうね」

と語りかけると、

「いいところ見つけてあげればいいんだよ」「やさしくしてあげればいいんだよ。」

「ちょっとこわいけどね」「ぶたれるといいたいもん」

「一緒に遊んであげればいいんだよ」「でもちっともルール守れないんだよ」

「教えてあげればいいんだよ」

子どもたちは、彼の弱さや乱暴さを一方では出し合いながら、彼のいいところや、やさしさをいっぱい見つけてくれたのです。毎朝一年生の女の子を連れて登校していることなど、私は初めて知りました。おなかの痛い子を一階の保健室までおんぶしていったこともわかりました。その日から、子どもたちは彼のわがままや理不尽なところとも、衝突しながらも一緒に遊んでくれたのです。

「あのね、昨日ね、ゆうたくんが遊びに来てくれたんだよ」

彼のうれしそうな顔が忘れられません。

友だちを見つめて、自分を見つめて、詩を書こう！

私は学級作りの柱を、

「自分の心とからだをひらいて、のびのび表現しよう。詩を書き読み合うことで、つながりあおう」

とし、詩を書き読み合いながら進めてきていました。

ところが彼のパニック状態に毎日追われてしまい、なかなか取り組むことができなかったのです。子どもたちとの話し合いをきっかけに、さっそく取り組むことにしました。

「友だちのいいところを見つけよう！『いいなあ』『すごいなあ』『えらいなあ』『ヘンシンしたなあ』と思うことはないですか？」と「詩」のタネさがしをいっぱいしてもらったあとで、「友だちのことを題材」にして詩を書いてもらったところ、彼のことを題材にして書いた人がいっぱいいたのです。子どもたちのやさしい心が伝わってきて、嬉しくてたまりません。もちろん、彼は大喜びです。

ある女の子は、こんな呼びかけの詩をプレゼントしてくれたのです。

よしきくん

二年　しおり

やさしい。
でも、なぐるのでいたい。
どうぶつとかには、やさしい。
みんなにやさしくしてくれるときもある。
そんなよしきくんのやさしい心が
とても気にいっている。
でも、ときどき、

「ぼくは、もうしんじゃえばいいんだなあ。」

とか、

「このよから、きえちゃえ。」

と、こわいことを言うけど、平気かな。

ほんとは、よしきくん、あまえたいのかな。

あまえたいのなら、先生がひまなとき
あまえればいいのにな。

よしきくんは、本気出せば
大がたトレーラーもふっとばせそうな
すごーい力がある。
でも、そのパワーをはっきできないでいる。
でも、ほんとは、とってもやさしいんだ。

よしきくん

二年　まなみ

よしきくん、いいところあるじゃん。
きょうたいいくのとき、
たいいくそうこから、せっかいを
もってきてくれたね。
自分じゃやくにたってないっていうけど、
すごくやくにたっているよ。
それに、わたしは、よしきくんのこと
すきだよ。
だって、たったひとりのともだちだもん。

これらの詩を読んであげると、体育着のままゴロンとなっていた彼は、さっと起き上がって、「着がえようかな」と、動きはじめたのです。
友だちを思う詩の力はすごいものです。彼の心を動かしたのです。子どもたちは、どこまでもけなげでやさしいのです。このような子どもたちの心に接すると、どんなにつらくても教師はやめられません。

「友だちを見つめて」詩を書くなかで、友だちのよさや、がんばりを見つけられる子どもたちが、いっぱいあらわれました。

これらの詩は、それぞれの子どもが書いたままで推敲もしていないのですが、そのままを読んであげるだけで、子どもたちの心にひびいていくようなのです。自分のことを友だちからみとめられるということが、とっても心地よいことなのです。

私にとっては、大発見でした。光ることばは……などと推敲させ、よい詩を書かせなくてはと、今まで妙にとらわれていたようなのです。

子どもたちは、気軽に友だちのことを見つめ、次から次へと詩を書いてくれました。それをみんなで読み合ってきたのです。心なしか、みんなの友だちを見つめる目がやさしくなって、学級の雰囲気もしっとりと落ちついてきたような感じがしました。

みさちゃん

二年　しおり

みさちゃんはとてもやさしい。
さらにやさしい。
ハムスターのちゃっぴいとラッキーには
みさちゃんのかかりは、生きものがかり。

フンをとったり、あそんだり、
エサをあげたり、おしっこふいたり。
楽しそうだけど、つらそうだ。
でも、みさちゃんには楽しいんだろうな。
みさちゃん、フンとかおしっことか
いやな顔しないですごいよ。
えらいよ。
みさちゃん、いい子だな。

「しおりさんは、乱暴だからこわい……」と女の子からの訴えがあり、四月から何度も話し合いを重ねていたのです。そのしおりさんが「みさちゃん」の仕事ぶりをじっと観察して書いてくれたことに感激しました。だれだって、自分を高めたい、よくなりたいと願っているということが実によくわかりました。

友だちの詩だけでなく、自分自身を見つめて詩に書く子どももあらわれました。

自分

二年　ゆきたか

はじめて自分で絵がかけたから、
うれしいです。
いままでかけなかったのに。
なんで前は、書けなかったのかな。
でも、いまは一人で
かけるようになったので、

心がすっきりしました。

ゆきたかくんは、自分のことを見つめた「詩」を書きながら、一つ一つ自分のできなかったことをできるようにしてきた男の子です。

なかでも、自由に絵を描くこと、人前で自由に自分を表現することが苦手だと思いこんでいた男の子です。ある時、学習の成果があらわれて、自分の力だけで絵を描ききることができるようになったのです。そんなゆきたかくんのことを、学級の子どもたちは自分のことのように喜びました。絵が自由に描けるようになると、自信がついたのでしょう。人前でどんどん発表することもできるようになったのです。そればかりではありません。授業中のおしゃべりもいつのまにか少なくなって、様々な学習に積極的に取り組むようになったのです。このことは、自分を見つめて書くことの大切さと、子どもの成長や可能性は、長い目で見守ることがいかに大切かを物語ってくれています。この節冒頭のまみさんの詩も、ゆれ動く自分自身の内面を素直に表現してくれました。

一人ひとりが書いた友だちの詩、自分自身のことを書いた詩を読み合うことによって、心が安定していくようでした。乱暴な行動をとる子たちも、おとなしいいわゆる「よい子」たちも、一人ひとりの想いやゆれ動く心に共感し合いながら、いつのまにか子どもたちの人を見る目があたたかくなったような気がしてきました。

彼の悩みに共感して「やさしさとがまん」

友だちや自分を見つめた詩を書き、読み合う取り組みのなかでよしきくんは、お母さんと、自分自身のことを大いに語り合って、こんなすてきな「生活ノート」を書いて来たのです。

やくそく

二年　よしき

ぼくは、いつも学校で、みんなにめいわくをかけているので、お母さんとやくそくをしました。べんきょう時間に出あるかないこと。友だちをたたいたり、けったり、おしたりしないでやさしくなかよくすること。高いところにのぼったり、あぶないことをしないこと。先生の話をきちんと聞くこと。がまんをおぼえること。ぼくは、このやくそくは、ぼくの頭の中にぜんぶ入っているのに、なかなかまもることができません。自分ではいっしょうけんめいにどりょくしているのに。

お母さんは、

「がまんすることと、やさしくすることをおぼえると、ぜんぶまもれるよ。」

と、言いました。

「やさしくされると、みんなうれしいんだよ。」

と、言いました。

クラスのみんなだってできるんだから、ぼくもみんなと同じようになれるようにがんばります。ぼくは、クラスのみんなのことが大すきです。だからみんなにきらわれないように、いつまでもなかのいい友だちでいてもらえるように、がんばるから、おうえんしてね。


自分自身を見つめ、よくここまで書けたものだと涙が出るくらい嬉しく思いました。「生活ノート」には、彼の本音が語られていました。苦悩の様子を子どもたちと読み取り、長い目で彼の成長を見守ってあげようと確認し合いました。

その日から、「やさしさとがまん」はみんなの合い言葉になったのです。

彼の「生活ノート」を学級通信・文集にのせて読み合いました。一言感想欄を設けると、たくさんの感想が寄せられました。
◎よしきくん、わかるよ。このやくそくをまもろうとするのは。あくしゅするとき、かげんできてたよ。がんばってね。（みち）
◎よしきくんってとっても素直でいい子なんだなって思いました。時々、乱暴したりって聞いていたけど、それがいけない事だってわかればその素直さでいい方へいい方へ、変わっていける子だなって思いました。がんばれ、よしきくん。

（まなみの母）

◎よしきくん、クラスのお友達はみんなよしきくんのことを心配していると思います。これからもべんきょうもがんばって、みんなとなかよくして下さいね！

（みえの母）

◎前向きなよしきくんてステキだね。これからもたくさんよい仲間を作って楽しい毎日になっていくんだよね。また、家も近いし、あそびにきてね。

（よしみの母）

彼の「生活ノート」は、子どもたちの見方を変えただけではなく、おうちの人たちの彼への見方も大きく変えたのです。このことは彼にとっても、安らぎとなりました。

よしきくんは、みんなに支えられて、少しずつ少しずつ自分をおさえるようになっていきました。そんな姿を、子どもたちは見逃さず、詩を書くことで励ましてくれたのです。

よしきくん

二年　ゆうた

よしきくんがきゅうにヘンシンしました。
きゅうにやさしくなりました。

きゅうにべんきょうができるように
なりました。

ぼくはすごいなあと思いました。
ぼくもヘンシンしようと思いました。
おかげでおちついてべんきょうが
できるようになりました。
ありがとう、よしきくん。

子どもの本音を詩にたくして、父母とともに子ども観の変換を

おんぶ

二年　まなみ

わあ、うれしい。
おんぶしてくれるの？
お母さんがおんぶしてくれた。
お母さんのせなかは
大きくって気もちいいな。
それにやわらかい。
かたにじいっとしがみついた。
「もういい？」

お母さんがおもたそうに言った。

もっとやってほしかったけど、

「いいよ。」

と言ってしまった。


子どもは受け止めてくれる人がいると心を開きのびていきます。まなみさんは、「学校ではがまんしてしっかりやっているけど、おうちではわがままなんだ……」自らの悪い面をさらりと告白しながらも、にこにこ笑顔です。自分そのままをそっくり出しても受け止めてくれる家庭があるからだと思います。

学校ではまじめで通っているまさきくんは、こんな詩を書きました。

自分

二年　まさき

ぼくは学校では、みんなとなかよくする。
わがままはいわない。
がまんしている。
家に帰るとそのがまんしている心が
いっきにぼくはつする。
「何いってんだよ。バーカ」
お母さん、お兄ちゃんに
わがままをいっておこる。
ぼくは二人いる。
どっちのぼくもぼくだ。

二年生だってスキンシップで心の安定をはかりたいのです。家庭でこそ「いい子」をよそおうのではなく、子どもが本当の自分を出せる「母港」であってほしい。こんな思いを「おんぶ」や「自分」など、子どもの本音を表現した詩にたくして保護者会でも話し合ってきました。

実は、お母さんたちも子育てについてものすごく悩んでいるのです。「子どもとは失敗しながら大きく育っていくもの」「子育ても、いつでもどこからでもやり直せる」「肩の力をぬいて、ぼちぼちいこう」……など、私は意識して、実践の中でこんなメッセージを子どもたちに送り続ける一方で、父母とも「子ども観」について話し合ってきました。今、このことがすごく大切な仕事であるように思います。

だれでもヘンシン願望がある

三学期になって、よしきくんがはじめて班長になりました。自分から班長に立候補したのだそうです。

それを班員の子どもたちが認めてくれたのだそうです。はらが立ってパニック状態になりそうになるとお腹に力を入れてがまんするようにしているのだそうです。そんなよしきくんの姿を、あたたかいまなざしでとらえたよしみさんが、こんな詩を書いてきてくれました。

ヘンシン

二年　よしみ

よしきくんていいところ
いっぱいあるんだよ。
さんすうでつかう時計をもってきたり、
先生のじょ手になったり、
友だちをほけんしつまでおんぶして
つれていってあげたり。
いいところいっぱいもっているんだ。
いい頭ももっているし、
計算だってできる。
国語の書き込みだってできる。
でも、よしきくんは、
「自分なんて何もやくに立たないんだ。」
「いなくなればいいんだ。」
と、言っていたね。
「どうして?」
みんないなくなっちゃえなんて
思ってないよ。
にげ出さないで、みんなで
べんきょうしよう。
楽しいよ。
そんなよしきくんも今では大ヘンシン。
はん長だし、みんなといっしょに
べんきょうしているし、
みんなのやくにも立っているよね。
まるで前のことがうそみたい。
ねえ、よしきくん、大ヘンシンだね。

さっそくみんなで読み合いました。

◎よしみさんてえらいね。だってよしきくんの気もちをおちつかせるんだもん。わたしもそういうし書きたいな。

（みさき）

このよしみさんの詩は、よしきくんのお母さんが病気で一ヵ月以上入院するという前の日に、学級通信・文集で紹介したものでした。

よしきくんのお母さんは、入院中も彼のことが心配でたまりません。電話のむこうで今にも泣き出しそうな気配でした。そんなところによしみさんの詩です。

◎よしみさん、いつもよしきのことを気にかけていてくれていたんですね。どうもありがとう。ありがたくて、うれしくて涙が出てきてなかなか止まりませんでした。これからもどうかよろしくおねがいします。

（よしきの母）

この感想を子どもたちの前で読んであげながら、思わず涙声になってしまいました。

少しずつ、少しずつ、仲間の中で育ってきたよしきくんですが、お母さんの入院でやっぱりどこか不安定です。でも、以前と違うのは、「ねえ先生、お母さんの入院中は、甘えさせてね。おねがい……」と、いろんなことがわかったうえでの行動でした。

「先生、よしきくんが、けった！　ぶったあ」と、まだまだ子どもたちの訴えは続きますが、「ごめんなさい」とすぐ素直にあやまれる姿を見ていると、一学期の頃がまるでウソのようです。

みんなのあたたかなまなざしのなかで

転勤して一年目で担任した二年生の子どもたちとともに過ごした一年間は、いろいろありましたが、実にたくさんのことを学んだ一年でもありました。三学期、友だちが転校していくお別れ会では、全員が涙で送る感動的なシーンもありました。最後の授業参観では、自分たちで創作した大型絵本の読み聞かせや、脚本からつくった人形劇など、ものすごくエネルギッシュに取り組み見事に演じてみせた子どもたちでした。よしき君のお母さんが入院中であったため、養護の先生が「大ママ」となって最前列で参観、「始めの言葉」を少々照れながらもしっかりと述べたのです。お母さんたちのあたたかな拍手です。ところが、よしき君は、自分の班の読み聞かせでは、机の下にもぐりこんでしまったのです。「この感動は一回公演でなく、出前公演にしてては……」という養護の先生の提案で、よしき君の班は職員室で、他の班は一年生や二年生の他のクラスへ出前公演にいくことになったのです。

職員室のまん中で、給食を早目にすませた他の班の子どもたちの見守るなか、管理職や専科の先生の前で堂々と自分の役割を果たしたよしき君、仲間たちの拍手に包まれ最高の笑顔でした。

大きくなったら

二年　ゆきのり

ねえ、先生、長生きしてね。
ぼくね、大きくなったら、
きかん車のうんてんしになるの。
先生、ただでのせてあげるね。

ぜったい長生きしてね。
ゆびきりげんまん。
やくそくだよ。

「僕、復活しました」と、すねた状態から自分の力で立ち直ることを知っていて、ゆっくり進む自分なりの時計を持っている男の子です。子どもって本来こんなにもかわいくて愛らしい夢を持っているのです。子どもの苦悩する心に寄りそいつつ、子どもが人間として大切にされる学校になるよう、自らの実践を問いつつ、外に向かっても一歩ふみ出していきたいと思っています。

(3) 仲間の中で子どもは育つ
~詩を書き読み合うことで育ち合う子どもたち~

苦悩を抱える子どもたちとの出会い

「ぼくなんてどうせできないもん!」と自分自身に自信がもてず、その上人間不信に陥っていたしょうくんは、苦悩を背負いながら、もがき苦しんでいました。友だちとうまくかかわれず、ささいなことで手や足が出てしまいトラブルの毎日でした。また、失敗を恐れ、思い通りにならないとパニックに陥ってしまうけんたくんは、「ぼくなんて、この世に生まれてこなければよかったんだ」と自分自身をコントロールできないことに深く悩んでいました。

どの学校にも「手のかかる子」がいますが、そういう子は実は「苦悩している子」「困っている子」なのです。なかなか周りの子や親たちには理解されません。日常の否定的な行動がますます居場所を狭くしていくのです。しかし、子どもが先にくずれたり、「荒れ」たりする社会などありえません。この「格差社会」のひずみが確実に子どもたちの上に表れているのだと思います。

私は、子どもたちの様々な行動の中に発達や学習への切実な願いや要求があると捉えて、子どもたちの心に寄りそっていこうと思いました。「あるべき姿」を強く押しつけることから始めるのではなく、今ある姿をありのままにしっかりと受け止めてあげよう、現象面からだけ見るのではなく、その背後にある発達課題を共に考えてあげよう。それは、子どもの言いなりになることや指導を放棄することではなく、子どもの要求を聞きながら教師の要求をつきつけ、そのぶつかり合いの中で一致点を見出し、共につくりあげていくものであると考えて、実践してきました。

心とからだをひらいてのびのび表現

一年生に入学した時から、困難を抱えた子どもたちに「心とからだをひらいてのびのび表現させること」を重視して取り組むことから始めました。

一つは、一言スピーチです。毎朝、出席を取りながら、「ぼくの好きなおもちゃはガンダムです」などと、一人ひとりがその日のテーマごとに発表していくのです。友だちが何と言うか、とても楽しみにしてました。書くことは苦手なしょうくんや、けんたくんもおしゃべりは大好き。みんなに受けようと必死で考えて、面白いことを言って笑わせていました。しばらくすると、「明日は、たからものにして……」というように子どもたちから意見が出され、その都度明日のテーマを提示できるようになりました。この取り組みでお互いの交流が深まりました。お互いを知り合うということが、しょうくんやけんたくんにとっても、とても大切なことでした。

二つめは、ふれあい遊びです。しょうくんとけんたくんは、自分の欲求のままに行動し、おしゃべりがやめられずまさにマイペースでした。そのうえ、気に入らないことがあると、がまんができず、だれかれとなく暴力をふるうのです。幼児期のじゃれつき遊びの時代を体験してこなかったからでしょうか。けんかをすればすぐに手や足が出てしまうし、手加減できないので相手をとことんやっつけてしまいます。そんなわけで人間関係がうまくいかず、毎日トラブルばかりでした。目を吊り上げ、斜めに構え「うるせえんだよ！」「死ね！」そんな言動が気になりました。

そこで、からだとからだが自然とぶつかり合う楽しい「ふれあい遊び」をたくさんとりいれることにしました。「どくへび」「ねずみとり」からはじめました。子どもたちは大喜び、キャーキャー大はしゃぎでした。ところがしょうくんやけんたくんは、最初は意外にもウロウロしていて、参加したと思ったらルール違反ばかり。友だちから批判されるとプツンと切れて「こんなのやりたくねえ！」とあばれるのです。でも、何回かやってルールが守れるようになってくると、がぜん輝きだしました。もともと、すごいエネルギーを秘めていたのです。

三つ目は、劇遊びです。一つのものをみんなで作り上げる喜びをと、学期に一回は「誕生会」を位置づけ、手作りプレゼント作りと、出し物として劇作りに取り組みました。子どもたちによい文化を、子どもたちの心とからだをひらいてのびのび表現できる力を、と願ってのことです。ストーリーやセリフ作りなどを子どもたちに任せてみました。どんな劇にするかから話し合いがはじまります。自分の主張を頑として譲らずがんばる子がいるかと思えば、「そうね、それはいい考えだ……」と素直に同意する子もいます。子ども同士の話し合いやぶつかり合いの中から、一つのストーリーが生まれ、劇遊びのかたちを取り入れながら、楽しい劇作りが進められていくのです。ところが、しょうくんの班のリーダーから「しょうくんがわがままで劇ができない！」と訴えがありました。そこで、しょうくんの班の劇の練習風景をみんなで見守ることにしました。リーダーの子は、みんなで練り上げたストーリー通りに進めようとするのですがしょうくんは、どんどん自分でセリフを考え出して、面白く進めるのです。みんなには大受けです。これだ！　と思いました。どちらが面白いか聞いてみると「しょうくんが考えた方が面白いよ」と大人気です。なかには、「しょうくん、かんとくさんみたい」「ねえ、ぼくたちの班の劇にも入ってやってよ」とひっぱりだこでした。子どもたちは、活動をとおしてかかわりを深め、そのなかで友だちのよさやすばらしさにも気づき、友だちを再認識することが多いものです。しょうくんの見方は、一変しました。ここが一つのしょうくんのターニングポイントでした。

親も苦悩しているのです

しょうくんのお母さんは、すごく悩んでいました。若くして母親になっただけでなく、家庭的にも様々な苦悩を背負うことになり、その中でのしょうくんの子育ては大変なことだったようです。学校生活だけでなく、放課後の生活でも、しょうくんについての問題が起こり、頭を抱えていました。学校に相談に来た席で、「これからは一緒に考えていこうね、一緒にがんばっていきましょうね……」と言うと、はらはらと涙をこぼしたのです。私は、しょうくんのお母さんが保護者会に参加したくない気持ちは十分よくわかっていましたが、あえて、ぜひ参加してほしいと頼みました。お母さんは勇気を出して参加してくれました。その席で、私はしょうくんのお母さんが子育てについて悩んでいるので、先輩のお母さん方、力をかしてあげてくださいと訴えました。早速声があがりました。「この間、真っ黒な足で家にあがろうとしたから雑巾で足をふいてからあげたよ。ちゃんとお礼を言っていたよ。あの子はいい子だよ」と、みんなの前で話してくれたのは、しょうくんの家の近くのお母さんでした。

お互いに子育ての悩みや子育ての知恵を交流し合おうと、親の回覧ノート「おしゃべりノート」が始まりました。しょうくんのお母さんは、「悪いことをしたら、どんどんしかってください」と次のように綴りましたが、このことがお母さんたちのしょうくんを見る目をよい方へと変えた一つの出来事でもありました。

おしゃべりノートより

十月五日　　　　　　　　　　　しょうの母

いつもお世話になっております。入学してから早くも半年がたちました。毎日が不安でしたが、最近は少し落ち着いた気がします。言葉が悪く、すぐ手を出してしまいお友達とのトラブルもたくさんありましたが、一年一組のみんなの優しさを少しずつ感じさせてもらえたことで、しょうが変わってきているのを日々私も感じています。

来週からしょうは柔道を習うことになりました。最初にやりたいと言われた時は、これ以上強くなって誰かにケガでもさせたら大変だと思い、「ダメ、ダメ」と反対していましたが、習っているお友達のお母さんに「礼儀とかを教えてもらえるから大丈夫」と教えていただき、ちょっと勇気をだしていれてみることにしました。何かに夢中になったり、そこでストレスをおもいっきり発散してくれたらいいなあと思っています。

学校に通うようになってたくさんのお友達ができ毎日暗くなるまで遊んでいるしょうを見てホッとするような気もする反面、最近では買い物にもついて来てくれなくなりちょっと寂しいような気もしています。自分の目の届かないところでちゃんと仲良く遊べているのか、とび出したりしていないかと心配はつきませんが、「今日は○○ちゃんと遊んだんだあ」と楽しそうに帰って来るのであんまり口うるさく言わないようにと自分に言い聞かせています。いろんなお宅にお邪魔させてもらっているようなので何か気づいたことがありましたらご連絡ください。悪いことをしたら、どんどん叱ってやってください。これからもご迷惑をかけることが多いと思いますがよろしくお願い致します。

二学期末、子どもたちに学級や友だち、自分を振り返って書いてもらったところ、しょうくんやけんたくんの変化を書いてくれた子どもが大多数でした。それと同時に「今の一年一組を気に入っています」とか「一年一組は今は平和です」等、学級の見方も変わり、何よりも学校が楽しいという子ども達が多く、保護者会では、父母と共に胸をなでおろしたものでした。

友だちを見つめて、自分を見つめて

一年生の子どもたちに「友だちを見つめて、『すごいなあ』『へんしんしたなあ』などということがあったら、詩を書いてもらうのでタネさがしをしておいてね」と話しておきました。一年生の二学期の終わりの頃でした。しょうくんやけんたくんのことを詩に書いた子どもがいっぱいいました。その場で読んであげるだけで二人の心は癒されるようでした。

しょうくん

一年　けいた

しょうくんが一学きよりも
すごくがんばってかわった。
「しょうくん、さいきんえらいね。」
っていったら、せきについた。
たまにみてたら、
しょうくんが、かっこよくみえた。

しょうくん

一年　みき

えっ、しょうくん　じがかけるの。
なんと、
「きんだいちせんせい、やさしくして
　くれて、ありがとう。」
と、かけちゃった。
せんせいは、
「すごいね、しょうくん！」
といいながら、かんどうしていた。
わたしは、
「しょうくん、じがかけるの。」
と、こころのなかでほめた。

二学期の後半、しょうくんが文字が書けるようになった日に書いてくれたのが、私の名前と

「やさしくしてくれて、ありがとう」でした。プリントの裏でしたが、額に入れて飾りたいくらい嬉しい出来事でした。

けんたくん

一年　けいた

ぼくは、けんたくんにいままで
なかされてきた。
でも、がまんした。
このごろはやらなくなって
うれしかった。
けんたくんは、ものすごく
おちついてきた。
ぼくは、けんたくんが、すきになった。

みんながわらった

一年　けんた

みんながわらった
「ばくだんなげるぞー。」
と、ぼくがいったら、せんせいが
「ヤダ！」
といって、ぼくにだきついた。
みんなは、アハハッとわらった。
ぼくがみんなをわらわせることが
できるなんて、おもわなかった。

よほど嬉しかったのでしょう。この後、「また友だちの詩を書こうよ」と、けんたくんは、何回も要求したほどでした。

人と人のふれ合いのなかで

二年生になって、自然・生き物と十分ふれ合って詩を書いた子どもたちに、次は「友だち・家庭・地域の人に目を向けて詩を書く」という授業を組み立ててみました。まず、始めに「詩のタネさがしメモ」（149ページ参照）を用意しました。人と人とのふれ合いのなかで「すごいなあ」「やさしいなあ」「えらいなあ」「うれしかったなあ」「かわいいなあ」等、強く心を動かされたことをメモさせ、一定期間、取材させせました。さて、いよいよ詩を書きます。メモの中から一番書きたい題材を選んで構想を練ります。詩を書く用紙の最後には（〇〇〇なあ）という項目を設け、強く心を動かされたときの気持ちも書かせるようにしてみました。

しんくんは、誰とでも付き合える広い心の持ち主です。学校のなかでは授業に集中できずパニックを起こし、落ち着いてきたとはいうもののついつい暴力や暴言をはいてしまうしょうくんのこんなすてきな場面を捉えて詩にしてくれました。

おつかい

二年　しん

友だちとあそんでいたら、
しょうくんが通った。

「しょうくん、おつかい？」

と言うと、

「うん。」

と、にこにこしていた。

「楽しい？」

と言ったら、

「うん。」

と、にこにこして言った。

おもたそうにじゃがいもをもってた。

おうちではいいお兄ちゃんなんだな。


子どもたちの感想には、友だち再発見の言葉があふれていました。
○しょうくんは、いえではとってもはたらきものだってわかりました。
○わたしは、おつかいに行ったことがないのに、しょうくんはおつかいにちゃんと行って、おうちではお母さんのいうことをきいてえらいなあと思いました。

この詩にこたえるように、しょうくんは、次のようなやさしさあふれる詩を書いてくれました。

ぼくの弟

二年　しょう

ぼくが帰ってくると、
弟は、エヘッとわらいます。
ぼくがボールをころころと
ころがしてあげるととって、
ころりんとぼくになげてきます。
ボールがぼくのかおに当たると、
アハハとわらいます。
ぼくはくやしくても
かわいいから
そのままあそんであげます。
弟は、もうすぐ一才です。

〈子どもたちの感想より〉
○しょうくんも弟のことが好きだし、弟もしょうくんのこと大好きなんだね。

○しょうくん弟おもいなんだ。これからも弟をだいじにしてね。家にいるときは、いいお兄ちゃんなんだね。

詩は、友だちのことを再認識する力を持っています。級友のしょうくんの見方を一変させました。この詩をもとに、しょうくん自身が自分自身を変えていくきっかけにもなりました。詩は不思議な力を持っています。

けんたくんは、ガンダムのことなら何でもよく知っています。パニックに陥ってもガンダムの絵を描いているうちに落ち着けるのです。「ねがい」をテーマに、自分を見つめて、次のような詩を書きました。

ガンダム

二年　けんた

ガンダムは、せいぎのみかた。
つよくてわるものをたおす。
みんなをまもる。
なかまをまもる。

そこがぼくがすきなところ。
ガンダムのパイロットは、ガンダムを
うごかすのはむずかしい。
ぼくは、ガンダムになりたい。

○ガンダムってせいぎのみかたっていうことを、はじめてしりました。けんたくんは、これからもガンダムみたいにやさしくなってください。
○けんたくんもガンダムになって、みんなのせいぎのみかたになれるといいね。

子どもたちの励ましで、ますます癒されるけんたくんでした。

子どもたちは、豊かな人とのふれ合いを通して成長する

友だちや自分だけでなく、子どもたちは、家族にも目を向けて「お母さん」「おばあちゃん」などの詩を次から次へと書きました。なかには、長年子どもたちのために働いてくださっている地域のおじさんのことを題材にして書いた子もいました。

あつきくんは一年生の時から、しょうくんのあこがれ的存在でした。不思議な魅力をもったすてきな男の子です。しょうくんがどんなに自暴自棄に陥っても、必ず支えて来てくれました。「ぼく、家ではしょうくんのようにパニックになって言うことをきかなくなるんだ。だから、しょうくんのこと、よくわかるよ！」と言いながら広い心で包み込んでくれるのです。そのあつきくんが次のような詩を書きました。

こうかん日記

二年　あつき

朝おきたら、お父さんとの
こうかん日記があった。
なんて書いてあるかなあ。
どきどきして開いた。
「げきがんばってるんだなあ。お父さんも
会社で
がんばってるぞ。」
と、書いてあった。
お父さんとのこうかん日記は、
ぼくの元気のもと。
毎日、へんじを書いてかえしてくれる。
このこうかん日記で、
ぼくとお父さんの心がつながっている。

〈子どもたちの感想より〉

○朝おきたらというところで、あつきくんのお父さんは朝早く行っているんだなあと、おもいました。このこうかん日記は、いのちの日記だね。

○お父さんとのこうかん日記、大きくなったら、いい思い出になるね。

忙しい合い間をぬって、学校公開の朝、出勤前に教室をのぞいていくあつきくんのお父さん。

交換日記までも……と頭が下がりました。愛のメッセージに包まれたあつきくんだからこそ、友だちにやさしさを分けてあげられるのです。謎が解けたような気がしました。親子ともに学びあえる詩です。

おばあちゃん

二年　しん

うちのおばあちゃんは
こんにゃくいもから、
こんにゃくが作れる。
ほしがきだって、たくわんだって
うめぼしだってなんでも作れる。
うっているものより、どれもおいしい。
おばあちゃんの手は、
なんでも作れるから、まほうの手だ。
いつもしごとしているから、
すごくつめたい。

おばあちゃんがいると、
お母さんもたすかる。
ぼくもおばあちゃんにやさしくされると
いい気もちになる。

おばあちゃんは、うちのたからものだ。

〈子どもたちの感想から〉
○おばあちゃんがなんでも作れてすごいね。しんくんは、とくするね。
○やさしいおばあちゃんでいいね。おばあちゃんは人気ものみたいなかんじだね。

しんくんは、「うちのたからものだ」と言い切れるくらいおばあちゃんが大好きです。あつきくんと同じように安定した心の持ち主で友だちの支えになってくれました。
いつも通学を見守ってくれる地域の人に目を向けて詩を書いた子どももいました。

おじさんは、元気のもと

二年　あやか

あっ、「天とく」のおじさん
今日も立っている。
さむさではながまっ赤。

ぐん手をした手が、
グーにしてにぎっている。
今日みたいなさむい日も

あついなつの朝も
いつもふみきりのそばで、
子どもをまもっている。
自分のしごとでもないのに
「おはようございます。」
と言うと、え顔で
あいさつをかえしてくれる。
ジャンケンまでしてくれる。
おじさんにあうと、
朝から元気がもらえる。
「今日も、べんきょうがんばるぞ!」
と、走り出したくなる。

〈子どもたちの感想から〉
○あやかさんは、おじさんの体全体をはっ見しているね。
○あやかさんの気もちがよくつたわりました。

この詩は、地域の詩集「多摩子ども詩集」の見返しの詩に取り上げられました。長年子どもたちのために働いて下さっている「天徳」のおじさんにみんなで感謝しました。

子どもたちは、この実践を通して様々な人のすばらしさを再発見してきました。

子どもたちの成長を温かく見守ってくれた親たち、先生たちそして地域の人々に支えられ、まさに子どもたちは、豊かな人とのふれ合いを通して「人間らしく成長していく」のです。そして「仲間の中で子どもは育つ」ということを実感したこの二年間は、教師としての私にとっても、貴重な財産となりました。

その後、しょうくんは、六年生の運動会では、応援団長として声をはりあげ大活躍をしていました。見に行った私にそっと一言。「金ちゃん先生、僕もうけんかなんかしていないからね」。その愛くるしい笑顔は、何年たっても忘れられません。

(4) 今を生きる子どもの心に寄りそって
～子どもの心の声を聴くことから始める～

なぜ？

五年　慎二

ぼくは、授業中にしゃべってしまう
がまんしているつもりだけど
しゃべってしまう
まわりにながされる
がまんしているけど

まわりにながされる
なぜ？　ながされる
それが知りたいのに解明されない
直したいのに直せない
どうすればいいのか知りたい

この詩は、おしゃべりが止められず、悩んでいた男の子の詩です。毎回、自分を見つめてその悩みを詩の形ではき出してきたのです。

このような詩は、なぜか中心になって騒いでいた男の子達に共通していたのです。

一回のみだけだと、言葉の上だけではないだろうか……と思いがちですが、二回、三回と同じような内容の詩に出合うと、その悩みの深さが伝わってきます。

実は、中心になって騒いでいた子も何も感じていないわけではなく、それぞれが悩んでいたのです。やはり、苦悩しているのは、教師だけでなく子ども達もでした。心の叫びやいらだちを、発達への要求を、全身を使っていろんな形でメッセージとして発していたのです。

まずは子どもの声を聴くところから……

ＳＯＳを受け、ある高学年の教室に入ることになった時のことです。その前日、元同僚にどんな状況かを聞いてみると、「今、最悪の状況です」の言葉でした。

翌日、「子ども達とまた詩の授業ができる」喜びを胸に子ども達の前に立つと、予想はしていたものの出合いから驚きました。

授業中なのに、立ち歩きや、教室の端から端でのおしゃべり。ゴム鉄砲が飛びかい、手紙回しが行きかう教室。暴言・騒がしさ、無表情とやる気のなさ。その一方で救いを求める目。「ねぇ、先生、どの班で給食を食べるの？」と期待感を寄せてくる子もいたのです。

誠実で熱心な担任の教室で、「どこでボタンをかけ違ってしまったのだろう」「どうしてこのような状態になってしまうんだろう」……頭の中で疑問符がぐるぐる回っていました。

もう一つの教室でも同じ状態だというので入ってみました。中心メンバーと一緒になってふざけているというある男の子に「どうしたの?」と聞いてみると……「僕五年生になったら、悪い子になっちゃったの」と無邪気な返事が返ってきたのです。なかには、「金ちゃん先生が来たらちゃんとできるかも……」と、つぶやく子もいたのです。

担任に対して「うるせえ!」などの悪態をついていた子には「えっ、あなたいつの間にそんなにえらくなっちゃったの」と大げさに驚いてみせました。すると、真っ赤になって、フードを被って顔をかくしてしまいました。それでも、「あら、ずい分字がうまくなったのね」と声をかけると、真剣に取り組むのです。

この学年の子ども達は、私も低学年の時担任していた子ども達でした。でも、一年生の時、とても大変なクラスができ、毎年クラスがえになるきっかけにもなった子ども達だったのです。

本当は、どの子も一生懸命やりたいし、自分のことを認めてほしいと思っているのです。「先生、僕の話も聞いて」「私の方を見て」「僕イライラするんだ」「本当はちゃんと学びたいんだ」という心の叫びだと思うのです。現象面だけにまどわされてはいけない。この子達はまだまだ、素直な面を失ってはいないのだ、と希望がもてたのです。

とても協力的な教職員が多い学校でしたので、学年を始め全教職員が一丸となって支えてくれているのが、何よりも心強く思えました。

私は国語と社会の講師でしたが、給食の時間も準備を一緒に見てあげるだけでなく、班に入って一緒に食べながら、子ども達の生の声に耳を傾けようと思いました。

ある班に入ろうとすると、いつもイライラしている女の子が「こっち来ないで、あっち行って」と言うのです。

すかさず同じ班の女の子が助け船。「先生、この子の言うこと気にしないで！　今、反抗期だから……」とピシャリ。イラついていた女の子もその言葉に怒るでもなく、にこりとうなずいたのです。子ども達は友だちの事は実によくわかっているのです。

花大好き人間の私は、少しでも落ち着いた教室にとかわいい鉢花を次々と持ちこみました。「咲き終わった花は取ってあげると、次々と咲くのよ」と教えてあげると、「やらせて！」と言った男の子は、花をなで続けるのです。その後見てみると、つぼみも含めて一つもない状態に。思わず苦笑してしまいました。

このように相手が（大人が）どう反応するか試すのです。崩れかけた学級の中で、それぞれの子ども達が自分の存在を維持しようと懸命なのです。

暴言や反抗的な行動を取る子もいますが、こちらまで感情的になったり、威圧的になったら信頼関係は築けません。一人の人間として向き合い、納得する考えで説得すれば理解して行動に移します。上から押さえつけてはだめなのです。「力の指導でなく、愛と信頼でこそ」。この言葉が何度も頭をかすめました。

担任代わりの人と共に、あせらず、ゆったりと見守っていこうと確認し合い、時には笑いとばしたり……。二人だからこそ、できたのだと思います。

詩を書くことで心をひらき、読み合うことでつながる

通常の国語の授業では、工夫したつもりでもなかなか子ども達は乗り切れませんでした。それでも、子ども達の生の声が聞きたいと授業の終わりには必ず一言書いてもらい、次の授業の始めには振り返り、感想を読み合いました。「千年の釘」を学習した時には、ふだんは何も書かなかった女の子が感動して、「釘って超すげー」。その感想を取り上げると学級が大爆笑でした。「何を書いても大丈夫なんだ」「名前を知られても大丈夫なんだ」と、徐々に心を開く子どもも出てきて、友だちの考えを肯定的に受け止められるような雰囲気が出てきました。

ちょうど、地域の詩集の募集時期でもあったので、念願の「詩の授業」に取り組むことにしました。

まずは、子どもが飛びつきそうな同年代の子の詩を選び、本音が出ていて共感しやすい値打ちのある詩を読み合いました。「この気持ちよくわかる」「共感できるな」と、今までにないすばらしい集中力を発揮し、ぐんぐんくいついてくるのです。詩の感想を書き交流させると、発言しな

かった子ども達が発言し始めたのです。その上、話し合いの中から学び合い「自分の気持ちを正直に書く」「会話や音なども書くとよい」「場面の切り取りが大事」等、詩を書く上で大切なことを自分達で次から次へと発見したのです。

実際に何回か詩を書かせてみると、感動的な詩がたくさん生まれたのです。「なんというすばらしい感性をもった子ども達なんだ」「この子達なら、やればできる」と、子どもの見方が一変したのです。

実は、この子達は低学年の時から、力があると思っていました。文学の研究授業の際には、主人公の気持ちになって、泣きながら自分の意見を言ったのです。長い教師生活でもめったにないことです。音楽会や運動会等の行事への取り組みでは、練習中は崩れて収拾つかないこともあり大変でしたが、本番ではすごい力を発揮し見事に決めてくれるのです。「この子達の底力はすごい！」と大拍手をあびて来たのです。鋭い感性をもち、エネルギッシュな子ども達だったのです。

ある子が「自分を見つめて」次のような詩を書いて来たので、保護者の了解も得て、学級通信に載せることにしました。

勇気

五年　友樹

ぼくは、「友樹」「友樹」なのに
勇気がない。
なぜ、「友樹」なのに勇気がないのか時々
考える。
どういう時に考えるかって、
「友樹」の名前を書く時だ。
不思議だなあ。
友達と授業中に遊んじゃう時、

心の中でストップしてもやってしまう。
これが勇気がない時の二つ目だ。
三つ目は、やる事が適当な時だ。
なんで、適当になるのか
頭がとんちんかんになるから……。
どうしてなのか分からない。
ぼくは、「友樹」これからは、
「勇気」を持とう。

※自分の事をこんなにも深く見つめられることにとても感動しました。このように考えられる友樹君ですから前向きにどんどん自分を変えていけると思います。よい名前をつけてもらいましたね。これからに期待しています。みなさんも、時には、自分の名前について考えてみましょう。

こんなコメントをつけて学級通信に載せ、子ども達の反応が知りたくて、感想を書いてもらいました。後日、その一部を通信に載せ読み合いました。

〈詩を読んでの子ども達の感想より〉

○自分の事を深く見つめているね。これからは「勇気」を持とうという願いがかなうといいですね。期待しています。

○友樹君は、心の底の底に勇気があると思うよ。それを引き出してふざけるのをストップしてくれると、このクラスが一変すると思うな。友樹の名のためにも心にストップをがんばってかけてね。応えんしているよ。

このように詩を通信に載せ、読み合う中でお互いの心がつながり合うようでした。

新しい風が教室の中に「やればできる!」

学年全体で集会を開き、みんなで目標を決めて取り組むことになりました。その時の様子を詩に書いてくれた子がいました。

さっそく、次のようなタイトルをつけて学級通信に載せ、感想を書いてもらい読み合いました。すると、共感の声がたくさん届きました。変われるきっかけを待っていたのかも知れません。

◆みんなの心が一つになったしゅん間をよくとらえてくれましたね！

チャイム着席　　五年　拓

「キーンコーン、カーンコーン。」
チャイムがなった。
ほとんどの人が、席にすわらない。
二時間目、
「チャイム着席」という目標を決めた。
ぼくは、
どうせすぐ約束なんてやぶる
と、思った。
中休みが終わった。
みんなはんのうして
さっと、席にすわった。
すごいと、思った。

※「やればできる」という合い言葉を生み出したしゅん間でしたね。「チャイム着席」なんてやさしいことだと思いがちですが、みんなの心が一つになって、みんながやる気にならないとできないことですよね。もう一つの目標、集団で教室移動する時は、「だまって並んで歩く」ことも「〇秒で並ぼうぜ」なんてかけ声が出るほどになりましたね。
　これからも心を一つにがんばってほしいと思います。拓君は、鋭い感性を持っていますね。

〈友達の詩へのメッセージより〉

①チャイム着席をみんながいしきすれば何でもできる。

②今までは、一人一人がダメダメでやっていたけれど、クラスで目標を決めてみんながんばればできると思いました。

③チャイム着席のことを考えて、自分のことだけじゃなくみんなのことも意しきできるなんてすごいと思いました。

④私も、「チャイム着席」というルールを決めた時、このクラスが守るわけないと思ってた。でも、みんな言う事を聞いてすわっていたね。同じ事思っていたんだね。「もっとこのクラスをよくしよう!」

※みんな同じ思い、うれしいです。（金田一）

嬉しいことにお家の人からもメッセージが届きました。

「やればできる、やって当たり前」という雰囲気になって欲しいです。（花穂の母より）

学級の変化も見逃さない子がいました。

◆クラスを見つめられるってとてもすばらしいことです。

静かなクラス

五年　啓

いつもはうるさいクラスが
今日は静かだ。
まるで、楽しいことを集中して
やっている時のようだ。
えんぴつの音だけが聞こえてくる。
いつもはうるさいのに静かだな。
不思議だな。

みんなも不思議だなと思ったと思う。
みんな集中して
書いたり、読んだりしている。
「すごい。このクラスはやればできるじゃないの。」
と、先生がほめてくれた。
これを毎日続けたい。

※みんなが真剣に学習に取り組む姿を見て、私もすごくうれしかったです。「やればできる」みんななのですね。啓君のこの詩がきっかけとなって、みんなの気持ちが一つになって前進できると思います。クラスのことまでしっかりと見つめてくれて、ありがとう。

〈友達の詩へのメッセージより〉

①いつもはうるさいクラスが「シーン」となっているのはいいことだと思います。これからあと、少しずっとつづけたい。

②このクラスは静かな時と、うるさい時があるので、いつも静かに授業を出来たらいいなと思いました。あと授業中に先生とかが来た時に「やれば出来るんだから、それを毎日やりなさい」と言うと、「はい!」と、言うけど、口だけじゃだめだから、それを行動で表せたらもっといいクラスになると思いました。

学級の雰囲気が少しずつ落ち着きを見せはじめると発言する子も現れ、その子に続くようになりました。

◆どんどん手があがるってすばらしい!

発言

五年　翔

国語の時間に ---- なぜか

発言がいっぱいできる。
なぜだろう。
それは、なぜか
かってに手があがってしまう。
ひじょうにこわい。

前は、ぜんぜん発表してなかったのに。
どんどん手があがっちゃう。
不思議だな。
自信がついたのかな。

※さっとあがる手を見た時、うれしかったですね。そのあと、たくさんの人が発言するようになってきました。自分だけでなくみんなの自信をも引き出すきっかけを作ってくれてありがとう！　さすが翔くん。このところ、みんなのやる気が出て来て嬉《うれ》しい限りですね。

〈友達の詩へのメッセージより〉

①前はあげてないのにあげられるというのは、すごいことだと思いました。ぼくも国語や社会の時にあげてしまいます。不思議でした。

②翔くんたちをきっかけにクラスの人達が変わるといいなと思いました。私は、その自信が発言という形になっているのだと思います。これからもっと自信をつけてどんどんクラスをリードしていってください。

③そんなにあげる勇気が出るなんてすごいと思いました。なぜ、かってに手があがってしま

うのかは、がんばりやさんだからと思います。

※この頃、みんなよく手をあげてくれていて感激しています。（金田一）

感想を通じ、前向きな考えを堂々と述べる子が出てきたり、ふだん全く発言しない子が正義感あふれる言葉を書いてきたりしました。また、それを支え励ます子が現れ、新しい風が教室に吹くようになり、少しずつ落ち着きを取りもどしたのです。

一方、あと三ヵ月で最高学年という大切な時期でしたので、この新学期スタートを機に「自分の生活を見つめよう」と「生活ノート」を始めました。子ども達の胸に秘めているいろんな想いを知りたいと思ったことと、この大事な時期を有意義に過ごしてほしいと思ったからです。「このことだれにも言わないで……」と本音を書いてくる子も現れました。

そのノートに、心をこめて、返信を書いていきました。生活ノートに書くと心がすっきり……と詩に書く子もいました。

◆「生活ノート」に書くと心がすっきり……

生活ノート

ゆず

私は、生活ノートを毎日書いている。
一日のことを書くのがけっこう楽しい。
初めに、金田一先生に
「これから、生活ノートを書いてください。」
と言われたとき、内心は
「めんどくさー」と思った。
でも、それは初めだけ。
生活ノートを書くとき、
一日をふり返ることができる。
もし、いやなことがあっても
生活ノートに書けば、
先生に知らせることができるから、
心がすっきりする。
今は、楽しいから
これからも、ずっと書きつづける。

※毎日書き続けることは、とっても大変なことなのによくがんばりましたね。奈月さんと二人、二冊目までいきましたね。すばらしいことですね。きっとそこには、かけがえのない日々の思い出が残されることでしょう。六年生になってもつづけてみてね。

〈友達の詩へのメッセージより〉

①私も生活ノートに書くと、心がすっきりします。だから、これからも書いていきたいです。

②私も毎日生活ノートを書いているから、ゆずちゃんの「楽しい」という気持ちがわかります。それに私もはじめはめんどうくさーとか思ってたけど、今はちがう。六年生になってもつづけたいです。

③生活ノートを毎日書くのって、すごいと思いました。ぼくもこういうえらい子になりたいと思いました。

※お家の人より……うれしいです。このようなお手紙が……。

◎お家の人や友達には言いづらい事、話したくない事を生活ノートには書ける。金田一先生には正直に打ち明けたり相談できるのはいいですね。金田一先生には、これからも子ども達を見守って頂きたいです。よろしくお願いします。

（お母さんより）

※そのつもりでいます。

冒頭の「なぜ?」の詩のように、その後、「自分を見つめて」という題材で書くことがブームになり、他の子達も次々と書いてくるようになりました。自分の悩みやストレスをはき出す方法の一つを手にしたのです。

◆これでいいの?!　と自分を見つめられるってすてきなことです。

これでいいの

友

家で宿題をやっていると、
めんどうくさくなってきたので
ゲームをやった。
すると、母が
「ごはんだよ。」
と、言った。

食べ物がきたので
すぐに宿題とゲームをかくした。
ばれなかったけど
「これでいいの」と思った。
さい後は、けっきょくばれた。

※よくあることですね。とっても正直に書いてくれているので、きっとみんなの共感をよびます。いい詩ですね。最初はばれなかったとき、「これでいいの」と思ったところが友くんのまじめさがよく伝わってきます。このように正直に書くと読む人の心を打ちますね。

〈友達へのメッセージより〉

①これでいいの⁉　と見返す友くんは、いいなと思いました。

②わたしもかくしてたものがばれておこられたことがありました。

③私も宿題をやっていると、めんどうくさくなってと中でやめて、ご飯を食べおわった後に、やることが多いので、これからは、早くすませようかなと思いました。

自分の行動で悩んでいる子が詩を書くことで、自分を見つめなおす機会になり、書くことにより自分を乗り越えて成長していけるのだと思います。その詩を読んだ子は、実は人知れず悩んでいる友だちの存在を知ることになります。

あの子がこんなことを思っていたの⁉　教師同士・親と共に、子ども観の共有

保護者会の折に「子ども達は今、悩みながらも成長の階段をのぼりつつあるところです。この

ままでよいのだろうかと悩んでいるのです。私は、そのことに感動しています。少しでも心の支えになりながら、一歩ずつ前進できるよう応援してあげたいと思っています……」と言いながら氏名をふせて、子ども達の悩みの詩や、クラスの変容を書いた詩を紹介しました。そして、お家の皆さんも子ども達を支えてくれるよう訴えたのです。

するると、中心になって騒いでいた子のお母さんが「その悩みの詩を書いたのは我が子ではないか……」と、発言したのです。その通りでしたので驚きました。子ども達は一見、何も考えずにただ騒いでいただけではなかったのです。家庭にあっても、もんもんと悩んでいたのです。それを知って安心しました。

また、保護者会では、「学級通信を楽しみにしています。子ども達の心や何を考えているのかがよく伝わります。どうぞ先生も大変でしょうががんばって出して下さい」等、学級通信への期待や激励の言葉が多く出されました。

そして、「前よりずっと教室がきれいになり安心しています」「家でも、学習に進んで取り組むようになりテストの点も上がってきました」等、学級の変化や子ども達の学習意欲の変化といった好意的な意見がたくさん出され、胸をなでおろしたものでした。

通信を通じて、親達とも「子ども達の悩み」や「すばらしさ」を共有することになり、子ども達の詩へも感想を寄せてくれるようになり、響き合って紙上討論会のようになっていきました。「もうこの子達とはやっていけない」と言っていた専科の先生や、隣の先生方にも通信を配りました。「この子がこんなこと考えていたなんて、びっくり」「いやされます」「これで、一週間がんばれます」等々、通信のよい読者になってくれ、「子ども観の共有」ができました。何より、職員室で子ども談義ができるようになり、子どもの見方がよい方向へ変わっていきました。

その子ども達も六年生になり、学年の先生を始め、全校の先生方に支えられ、最高学年として意欲的にがんばっている姿を目にして、子ども達の可能性のすばらしさを感じました。さらに、中学生になると、落ち着いてがんばっている様子をあるお母さんが知らせてくれました。子ども達の話をとことん聞いてくれた先生方の努力のたまものだと感謝でいっぱいでした。

だからこそ今を生きる子どもの心によりそいながら、子ども達の心を開き、どう信頼関係を築くかが、今、とても大切なことだと思います。

そのためには、目の前の子どもの願いや姿から出発する教育を！　と願わずにはいられません。

(5)「よい子」の苦しい胸のうち・心のゆれと向き合って

教師の原点「日生連」と出合って

私は、定年退職後、プラス五年という長い教師生活を無事、楽しく終えることができました。振り返ってみると、「日生連（日本生活教育連盟）」との出合いなくしては、この楽しく充実した教師生活はあり得なかったのでは……と深く感謝しているところです。

東京の練馬区の小学校へ赴任早々、出合った「日生連練馬サークル」の若狭蔵之助さんや鈴木孝雄さんの存在が大きく、そこで学んだすべてが教師としての私の原点になっている程です。

「親子で綴る生活ノート」を片手に語る生き生きとした子どもの姿や楽しい学級の話は、優しい鈴木さんの横顔とともに今でも目の前に浮かんできます。「何か一つ課題を見つけて十年研究してごらん。そうすればその道は自ずと開けてくるから……」と語る若狭さんの情熱あふれる話は、私への魔法の言葉でした。

それからの私は、「生活者としての子どもの表現」「友だちと力を合わせ、子どもたち自ら創り出す文化活動」「子どもを真ん中に親と教師がつながり合うこと」等を大切に、実践を進めてきました。

「よい子」の苦しい胸のうち・心のゆれとむき合って

わくわく・どきどきの感動体験のなかから、詩が生まれます。子どもたちは、毎日の生活の中で「詩のタネ」さがしをしては、詩を書いてきました。そして、生きていく上で値打ちのある詩を読み合い、聞き合い、話し合うなかから、表現のよさや生活のしぶり、考えや思いを学び合ってきました。

親子で読み合うことにより、友だちを再発見することができ、友だち理解もすすみました。また、子どもたちの悩みやすばらしさを親同士で共有することもできたのです。

こうへいくんは、いつも前向きな生活態度でやる気にあふれ、クラスのリーダーとして活躍していました。その「よい子」のこうへいくんの苦しい胸のうちや心のゆれとむき合った実践について紹介してみます。

サラダ作り

二年　こうへい

日曜日、

「ごはん、何?」

ときいたら
「きまってない。」

と言った。

「にくじゃがとサラダにしよう。」

と言って、ぼくが一人でサラダを作った。

きゅうりをななめに切るのが、
たいへんだった。
「うまいね。すごいね。」
と言われた。
ぼくはにこにこして、
子どもべやに行った。

家庭の中にあっても、自分から進んでいろいろなことに挑戦していました。

あれは、二年生の二学期に入ってのことでした。何でもできて、面倒見がよくて、やさしい。足が速くてスポーツ万能、遊びの名人、発表力があり表現力もある。正義感が強くて大活躍。みんなの「あこがれ的存在」であったこうへいくんが、親友でありよきパートナーであった友だちの転校をきっかけに不安定になってしまいました。

ある日のことでした。ちょっとした友だちとのトラブルがもとになり、こうへいくんが大暴れをしてしまったのです。今まで聞いたことのない暴言がとびかい、相手をギャフンと言わせてしまうのです。止めに入った教師に向かっても「うるせえ、くそババァー」等と暴言の数々……。

今まで見たことのない光景に、学級の子どもたちはみんな呆然としてしまいました。

一暴れしたあと、うずくまって泣き出してしまったのです。

「何か悩みがあるんじゃないの？」とやさしく声をかけると、

「ぼくなんかいなくなればいいんだ」と、ひどく自分を責めるのです。

これは、自分の感情をコントロールできずに暴言・暴力に走って大爆発してしまい、その後、「ぼくなんか死んでしまえばいいんだ」と自分を責める、私が出会った苦悩する子どもたちの姿と重なったのです。

こうへいくんは、みんなの「あこがれ的存在」のいわゆる「よい子」だったのです。「よい子」のイメージくずしということで、友だちの視線がすごく気になるようでした。

この後、どうやってこの子を支えてあげたらよいのか……と、悩みました。

よく聞いてみると、原因は友だち関係のようでした。関係する子どもたちに集まってもらい、話し合い、一応の解決はできました。

その日の放課後、学級委員のお母さんたちが、心配してすぐに、

「先生、お話聞きました。大丈夫でしたか!?」

と、かけつけてくれました。このように学級の子どもたちの動きをいつも気にかけ、よい協力者だったのです。

「そんなこと、子どもの世界にはよくあることなんですよね……」

と、広い心で受け止めてくれたのです。そして、

「先生、何でも話してね。何かあったら、いつでも、かけつけてきて応援しますから……」

とても頼りになるお母さんたちなのです。

詩を書くことで悩みやイライラをはき出す

しかし、こうへいくんは目つきが鋭くなり、学習意欲も徐々になくなってきて、イライラの毎日でした。

そこで、悩みやイライラも詩に書くことができることを子どもたちに話しました。

まず、それぞれのイライラを出してもらうことにしました。みんなの前に出て劇化です。

「先生、お母さん役になって！」と、家庭での家族とのやりとりを、生き生きと一人が演じ始めると、大爆笑です。

「同じ、同じ、私のところもまったくその通りだよ」と、共感の輪が広がりました。

「その気持ち、その時の様子を詩に書いてごらん。会話から書き出していいのよ」

何人かが演じ合った後、それぞれが、自分のムカつく心を詩として表現しました。一番多かったのは、なんと兄弟関係のことだったのです。

まじめで、しっかり者のあやさんは、次のように書きました。

わたしのイラつくこと

二年　あや

「いたい。もうなにすんのよ。」
妹がけってきた。
ママがせんたくしていたときだった。
わたしは、けりかえした。
とたんにママがかえってきた。
「わたしがさきにやったわけじゃないの
に。」
って、いいわけしてもまだおこっている。
ママは、三十分くらいおこっていた。
おやつの時間には、
「おやつはぬきです。」
って言われた。
すごく、つらかった。

親が公平に扱ってくれないことへの悲しさにあふれている詩です。
おとなしいたくみくんには、このような悩みがあったことがわかりました。

ぼくの　ストレス

二年　たくみ

もう、ぼくやだ。
もう、ストレスが百パーセントも
たまっている。
一日一パーセントだけだすんだ。
もう、一日一回キレたいなあ。
あそびにいって、ぼくはつしたいなあ。
でも、がまんして
それからぼくはつしよう。
しかもげんいんは、けんかのときの
お父さん、お母さんなんだ。

こうへいくんだけでなく、おとなしそうな子どもも、それぞれがストレスをかかえて悩んでいたのです。三十五人中たった一人、このような詩を書いてくれた子がいました。

ぼくのストレス

二年　もりと

みんなはなんでストレスがあるんだろう。
ぼくは、あんまりストレスがありません。
でも、たぶんあると思います。
でも、どこにストレスがあるんだろう。
みんなは、どんなストレスなんだろう。
ぼくは、あんまりストレスがないんです。

このような詩に出合うと、なぜかほっと胸をなでおろしてしまいます。
もりとくんは、ふだん次のような詩を書き、その牧歌的な子どもらしい姿に常になごまされて来た子です。

おとしあな

二年　もりと

さあ、おとしあなを作るぞ。
ぼくは、はりきってあなをほった。
さいしょは、手でほってたけど、
つかれたのでぼうでほった。
ふかくふかくと思ってほりまくった。
まわりもほった。
木をあつめ、はっぱものっけた。
土もちょっとのっけた。
ふう、できたぞ。
そして、ジャンプして、

さいごに友だちと二人でおっこちた。

この「おとしあな」の詩のように、今の子どもたちには、生き生きと生活や遊びを楽しめるようなゆとりが必要ではないかと心から願ったものです。

悩みやイライラしている詩をみんなで読み合うと、「本当、うちでもそうだよ」「イライラするよね」と、共感の声があちこちでおこりました。そして、安心したようでした。

さて、こうへいくんですが、つぎつぎと、心の叫びを詩に書いてきました。

サッカーのもうとっくん

二年　こうへい

「もう、へたすぎてイライラする。」
と言っていた父は、今日は来ない。
ぼくは、おなかがいたいって
うそをついて家に帰った。
それをしった父はおこった。
それから、もうとっくん。

「いっぱいドリブルやれ。」
一時から五時までずっとやった。
もう、もうとっくんなんて大っきらい。
もっとうまくならないと、
またもうとっくんだ。
やだなあ。

そうだったのです。こうへいくんは、少年サッカーチームに入り、思うようにいかず悩んでいたのです。四月から始めた他の学級の子どもたちとの力の差に、今まで何でもできていたこうへいくんは、苦しんでいたのです。きっと、コーチの鋭い叱責にも心を痛めていたのでしょう。

でも、自分から入りたい！　と言い出したサッカーなので、弱音ははけないのだそうです。それまで、何回か大暴れすることはありましたが、よい面も悪い面もみんなもっているんだ、この教室だからこそ、悪い面だって安心して出してもいいんだ……ということがわかったらしく、徐々に落ちつきを取りもどしてきました。

それでも、次のような詩に出合った時は、胸をしめつけられました。

犬の生活

二年　こうへい

犬はいい、気楽で。
学校に行かないし、
あそんでもらえるし、
しゅくだいもない。

さん歩も行ける。
あとはきまった時間にえさがもらえる。
あとは、ねるだけ。
いいなあ。

ぼくも一日でいいから、犬と同じ生活がしたい。

このような子どもたちの作品は、保護者会でも話題として取り上げ、悩み深い子どもたちの生活について考え合いました。

お母さん達から「よい子」と思われていた子にもストレスがあり、悩んでいたという事実に、「そうだったんだ!」と共感の声が広がりました。

「だれにもストレスがある」「自分が自分であって大丈夫と、安心して自分を出せる場所を学校や家庭にこそ」「受け止めてくれる人がいると、子どもは心を開き伸びていける」等をまとめとしました。

この時の学級委員さん達は、学級がバラバラになった後も、毎月のように例会を開き、それぞれの子育ての悩みを出し合い支え合っていました。一つの学級というつながりの中から、新たな仲間の輪が広がっているのです。子どもを真ん中に親同士がつながり合うことがいかに大切なことかを物語っています。

子どもたちの表現から学び合って

ぼくのたからもの

二年　しげき

ぼくのたからものはいっぱいあるけど、
一ばんはやっぱり家ぞく。
ぼくを生んでくれて、
だいじにそだててくれたお母さん。
会社でいっしょうけんめい
はたらいてくれるお父さん。
ぼくに絵のかき方を
じょうずにおしえてくれるお兄ちゃん。
おいしいお昼ごはんを作ってくれる
おばあちゃん。
家ぞくみんなで
ごはんを食べるときが
一ばん楽しい。
みんなの顔がにこにこしているから、
ごはんもおいしくなる。

この詩は、「都教組新聞」の新年号に掲載されたもので、幸せ家族のイメージがあふれていて、思わずほほえみたくなり、読む人の心を打ちます。

しかし、お母さんには悩みがあったのです。それは、この詩に登場する「お兄ちゃん」が不登校だったのです。学級委員の仲間のお母さんたちが支えてくれて、がんばってきました。

その「お兄ちゃん」は、私のクラスの学級通信の読者であり、時々詩の感想欄に登場していましたが、「かけ算九九」の合格カードを作ってくれることになったのです。まるで漫画家をめざす人が描いたようなすばらしいカットに学級の子ども達は大喜びです。その合格証がほしくて、かけ算の取り組みにもがぜん力が入り、みるまに合格していきました。

「お兄ちゃん」は、子ども達の人気者となりました。そして、人のために役に立っているというこのことが自信となり、徐々に自分自身を変えていったのです。

お母さんの悩みも少しずつ解消し、「しげきくん」の表情も明るくなってきました。

自分の居場所がある、役に立っていることがあるということが、子どもの世界にとっていかに大切なことかを教えてくれたできごとでした。

生きているってすばらしい

二年　しん二

「ぼくは海くんちのテーブル」
という本を読んだ。
海くんてほいく園の時のじこで
しにそうになったんだって。
でも、たすかったんだ。
家ぞくもすごいけど、海くんもすごい。

まるで家ぞくの心ががったいして、
一つの心になったみたいだ。
海くんは目をあけたまま
じっとねてるだけで何もできない。
家ぞくは外へつれだして
海くんの元気をとりもどそうとしたんだ。
でも、家ぞくや友だちの力だけでは
だめなんだ。
自分ももっと生きようとする力を
出さなきゃいけないんだ。
生きているってすばらしい。
海くんは、こういうことを
ぼくに教えてくれたんだ。

このしん二くんのお母さんも、子育てにすごく悩んでいました。家庭訪問の時、「うちの子、よいところなんて、一つもないんです。うそをつけばよいのでしょうがそれもどうかと思って……」と、涙を流すお母さんでした。「一つ違いの下の娘ははきはきとして何でもテキパキとできるのですが、この子はいつもぼんやり、はっきりしないんです……」

聞いている私までもつらくなってしまう程でした。

ところが、月一回、しん二くんの誕生日の日には、「しんちゃんデー」を設けてしん二くんの好きなこと、願いを聞いてあげることにしたのだそうです。すると、変化が現れ、少しずつ自分の思いを出せるようになってきたというのです。こんなすてきなことは、すぐにも保護者会で紹介しました。この事は、お母さんたちの関心を呼び、兄弟といえども、きちんと一人ひとりに向き合うことが大切であることを教えてくれました。ちょうどその頃生まれたしん二くんの「生きているってすばらしい」の詩を紹介すると、「あのしん二くんが……」と、そのすばらしい表現は、注目の的でした。

この詩は、地域の詩集に入選し、音楽活動をしている医療関係に従事しているグループの人が曲をつけＣＤにしてくれるというすばらしいことに発展しました。

お母さんの喜びは、大変なものでした。「よいところなんて一つもない」と涙していたことがうそのようです。

お別れ会では、みんなでこの「生きているってすばらしい」の曲を歌いました。

この言葉のように、一人ひとりが自分の人生を精いっぱい生きぬいてほしいと願ったものでした。子ども達の表現や、お母さん達の知恵からも、多くを学んで来ました。

「教師ってやっぱりすてきな仕事」

「子どもってすばらしい！」

今、私が若い先生達に伝えたい言葉です。

(6) 詩を書くって楽しいね!

心わくわく、どきどき! 感動から詩が生まれます

私は、心豊かな子どもに育てたいと、一年生の子どもたちと、詩を書き読み合ってきました。子どもは、生まれながらにしてみずみずしい感性を持っています。それをどう伸ばし育てていくか、今、大きな課題でもあります。「金田一先生には、やっぱり笑顔がにあうよ……」こんな鋭い子どもの一言にドキッ! 態度を急変する自分がいて赤面です。一年生の四月から、心と体を開き、何でものびのびと表現できる教室の雰囲気作りをしてきました。楽しい詩をいっぱい読み聞かせると「もう一回読んで!」と何度もせがまれました。

心わくわく、どきどき、と大きく心を動かす体験を毎日の生活の中に作るようにしてきました。

二学期、いよいよ詩を書くにあたって、「詩のタネさがし」(次ページ参照)のメモを用意しました。

＊しのタネはいろいろなところにあります。たくさんみつけよう。

詩《し》のタネ見つけカード

なまえ（　　　　　　　　　　　）

おやっ・あれっ・あっ・わあっ・へえ・うっとり・わっはっは・すごい・やったあ・あああ・などと　おもったことを　たくさん見つけましょう。

えん	・かなしいなあ・さみしいなあ・がっかりだなあ・つらいなあ
けら	・おもしろいなあ・たのしいなあ・うれしいなあ
ぷん	・はらがたつなあ・いやだなあ・あたまにくるなあ
おや	・めずらしいなあ・どうなっているのだろう・ふしぎだなあ
まあ	・きれいだなあ・すてきだなあ・すばらしいなあ ・うっとりするなあ・すごいなあ・びっくりしたなあ
えい	・がんばっているなあ・がんばったなあ・がんばるぞ・まけないぞ

いつごろ	ばしょ	きもち	どんなこと
月　日			

書いた詩を親子で読み合うと友だち再発見！

校庭の大きなキンモクセイに体全体でたわむれた後、書いた子どもらしい作品です。

きんもくせい

一年　もも

うわあ、なあに
このにおい。
木のなかにはいってみたら、
木、ぜんたいがマンゴーのにおい。
きんもくせいがいいにおいだから
あたまにもにおいがついちゃいそう
ちょっと目をつぶってみたら、
もっともっといいにおいがしてきて、
ねむくなりました。

○私も金もくせいの香りが大好きです。あま〜い、いい香りですよね。ももちゃんがうとうとしている顔がうかんできましたよ。女の子らしいかわいい発想ですね。（あきの母）

このあとキンモクセイに魅せられた子どもたちは、キンモクセイの調べ学習へと発展させました。

つりあげた瞬間を心のカメラでパチリ、書き出しが工夫されていて、みんなで大いに学び合った作品です。

さかなつり

一年　きよと

ぐぐっと、さおがゆれた。
あっ、さかながかかったんだ。
いそいで、さおをひっぱった。
おなかがきらきらひかっているさかなだ。
にじますだ。
じいちゃんといっしょにひきあげたら、
さかなは、いたいようと、
ないているように、さかさまになって
くにゃくにゃうごいていた。

○あのぐぐっとさおがゆれて、おもさを感じたときがとてもうれしいよね!!　わたしもつりをしたことがあるのでわかります。
（みゆきの母）

父母・祖父母・兄姉と、家族みんなが感想を寄せてくれるようになりました。

えっ、すごい！　びっくりしたぁ！　友だちのことを見つめて詩に書こう！

「どうせぼくなんか！」と、今、自己肯定感を持ちにくい子どもたちが多く見られます。

そこで、「友だちを見つめて、自分を見つめて」という道徳の授業を組んでみました。

まず、自分を見つめて、自分が好きなこと・得意なことを書きます。その後、班のメンバーに回覧します。友だちのよいところを見つけよう！　と呼びかけ、友だちの「いいなあ！　すごいなあ！　がんばっているなあ！　みならいたいなあ！　みんなのお手本になるね！」という点を書いてもらいます。

最後に友だちに書いてもらったのを見て、感想を書いてもらったところ……

「ぼくのこといっぱい見てくれているんだなあとおもいました。ぼくも、みんなのことをよく見ようとおもいました」「よいところをいっぱい見つけてくれて、すごくうれしいです」と、どの子も笑顔でいっぱいでした。

この道徳の授業のあとに生まれたのが次の二編の詩です。同じ班のメンバーの二人です。

きよとくんのえ

一年　ひろや

えっ、すごい。

なんできよとくんは、

きょうりゅうのえが　うまいの。
きょうりゅうが、えでもいきているみたい。
すごいよ。
ぼくなんて、そんなのかけないよ。
ぼくのともだちでかけるのは、
きよとくんだけだよ。
ぼくは、きよとくんに
「いっぱいかいて。」
と、たのんだ。

ひろやくん

一年　きよと

えっ、ひろやくんてこうさくが
すごくうまいね。
どうしてこんなにうまいのか
しりたくなった。
よくかんがえてみたら、わかった。
ひろやくんは、よくかんがえて
つくっているから、
こんなにうまいんだ。
ぼくもこうさくやるとき
よくかんがえてみよう。
ぼくは、ひろやくんみたいに
なりたいな。

友だちのすばらしさが浮きあがり、読んでいてもほほえましい限りです。きっと、これからも友だちのよさを再発見してくれるでしょう。

えっ、どうして？　そんなことはじめてきいた！　おどろいたことも詩になるね

この「格差社会」のひずみは、子どもたちの上にも暗い影を落とします。子どもたちが重荷を背負い苦しんでいる姿に接するたびに心が痛みます。

だいきくんの場合は、突然の転校という形でした。何とその日の昼に保護者が見えて、即、転校という事になりました。あまりに突然の事でしたので、私も学級の子どもたちもびっくり。「でも、先生、この子が私と一緒にいられるだけでもいいのです！」と涙ぐみながら語る母親の言葉に深い事情を察し、言葉もありませんでした。

次の二編の詩は、その時の驚きを詩にしたものです。一年生らしい表現ですが、突然転校という境遇に立たされた友だちへの思いが伝わってきます。給食中ずうっと泣いていただいきくんの心情はいかばかりであったのか……と思うと、いたたまれません。

かなしいおはなし

一年　もも

えっ、うそ、だいきくんがてんこう。

どうして、てんこうするの。

せんせいがりゆうをはなした。
「おうちのじじょうです。」
と。
どうして、車でいけばいいじゃん。
わたしは、なきながら、
こころでゆった。
だいきくんは、あかるくげんきよく
がっこうにきてたのに。
がんばれよ。
だいきくん。

てんこう

一年　たく

「だいきくんがてんこうです。」
と、きゅうにせんせいがいった。
まだ、せんせいもしらなかったみたいだ。
だいきくんは、この学校がさいごだから、
がっかりしていた。
ぼくは、なきたかったけど、
がまんした。
となりのこうたくんに
はなしかけようとしたら、
ないていた。
だいきくんも、ないていた。
びっくりした。
さびしくなった。

やったあ！　できたあ！　こんどこそ！　こんな気もちのときも　詩が生まれました

はじめてとべた大なわ

一年　すみ

大なわで、わたしのきらいな
八のじでした。
八のじは、むりだから、
いちばんうしろにならびました。
わたしのばんがきました。
目をつぶってとびました。
目をあけてみたら、できていました。
うれしかったです。
わたしでも、
やっぱとべるんだなとおもいました。

はじめてのかんじテスト

一年　ゆう

そうだったのか。
ぼくは、ちがっているのか。
ぼくは、だめだったのか。
つぎのテストは、がんばるぞ。
あっ、きんようびにもあるんだ。
きんようびは、ぜったいがんばるぞ。

おかあさんにも、おとうさんにも
ばあちゃんにも見せたいから
ぜったいがんばるぞ。
おかあさんに
「すごい。」
とゆわれたいから、がんばるぞ。

子どもは、どの子も無限の可能性を持っています。苦手と思っていた事にも、友だちや周囲の人の励ましを受けてチャレンジします。「できたあ」「やったあ」そんな達成の喜びを自分の言葉でのびのびと表現しながら、次のステージへと進んでいきます。すばらしいことですね。

子どもたちは、詩を書き読み合う中で、自然のすばらしさや人とのかかわりを学び、感性をも磨いてきました。「児童詩　このよきもの」と、これからも実践を進めていきたいと思います。

(7) 先生、詩って心の栄養だね

共感の輪を広げよう

子どもたちが自分の心とからだをひらいて、自分をのびのびと表現できる。それは「お話」という形であってもいいし、作文や詩などの文章表現という形をとってもいいと思います。

安心して自分の思いや考えを表現すると、それを丸ごと受け止めてくれる友だちや、教師、そして、おうちの人がいます。

一人の話に真剣に耳を傾けあいづちをうちながら話を聞いてくれ、質問しながら、さらに話の内容を深めてくれ、「ぼくにもそんなことがあったよ!」と共感の輪が広がります。

一人の作品をみんなで読みあうと、よい書きぶりや、生活のしぶりをいっぱい出しあってくれます。「ほんとによく見ていたね、すごいアンテナだね!」と友だちが認めてくれるのです。「ああ、話してよかった」「いっしょうけんめい書いてよかった!」と、さらに表現への意欲がわいてきます。

一人ひとりのよさやがんばりがみんなに見えてきて、だれもが輝いてきます。だれもが学級の主人公です。一人ひとりに居場所があって、笑顔で毎日すごすことができる……そんな学級づくりをめざしたいと思っての取り組みです。

一人ひとり、だれもが主人公

学級の子どもたちは三十六人、実にさまざまな個性をもっています。社会の矛盾を小さなからだに背負い、苦悩している子どももたくさんいます。でも、みんな大きくのびる可能性をもっているのです。

「心豊かで人間性豊かな子どもに育てたい」と思い、年間を通して詩を書き、読みあうという取り組みを進めてきました。

私は、詩を書かせ、読みあうことにより、次のような力をのばしたいという願いをもちました。

○生活者としての子どものあるがままの姿や心を知り、一人ひとりを大切にした教育をしたい。

○ものや人や、自然に豊かにかかわることにより、ものの見方・感じ方・考え方を確かなものにしたい。

○友だちの詩を読みあうことにより、だれもが主人公となり、一人ひとりの居場所づくりを進めたい。

○感受性や観察力などの認識の力を豊かにのばし、何よりも人間性豊かな子どもに育てたい。

感動から詩が生まれる

すず虫のたまご

二年　玉枝

「あっ、ちょっとみんな来て」
お父さんがさけんだ。
みんながとぶように走っていくと、
すず虫がたまごをうむところだった。
おしりから、ほそ長いトンネルを
のばして土の中にさしこんでいた。
しょっかくを、ぶるぶるふるわせて、
くるしそうな顔。
ほそ長いトンネルから、
びゅ、びゅ、びゅびゅっと、
たまごを出して土の中にばらまいた。
白くて、まん中にすじがついていて
こめつぶのようだ。
みんな、目を丸くしてじっと見ていた。

初めて出合ったすず虫の産卵、父親がそのときをとらえて、娘に知らせてくれたのです。小さなすず虫の産卵のようすを細かく観察しているばかりでなく、息を詰めて見つめている玉枝さんの心も伝わってきます。この時の感動を詩にしようと、よく思い出し、自分のことばをさがし何度も推敲を重ねたのです。

値打ちのある詩を読みあう

学級の子どもたちが書いた詩は、ていねいに読み取り、表現のよさだけでなくみんなが学びあえるような生活のしぶり、考えが出ていれば「値打ちのある詩」として、学級通信・文集に掲載してみんなで読みあっています。

今日は、だれのどんな詩だろうと子どもたちはわくわくして配布されるのを待ちます。子どもたちは、シーンとして読みふけります。掲載された子どもは、にこにこ顔です。子どもたちは家庭に持ち帰り、親子で友だちの詩を読みあいます。よい書きぶりのところ、光ることばに線を引き、ひとこと感想を書いてきます。

翌朝の学級指導の時間には、詩が掲載された子どもが自ら音読します。ちょっぴりはずかしそうですが、どこか得意そうです。そのあとよい書きぶりや光ることばなどを出しあいます。わからないことや、不思議なことがあれば質問します。最後は、おうちの人が書いてくれた感想や自分の感想を発表しあいます。

そのとき、詩が掲載された子どもは、学級みんなの注目の的であり、主人公なのです。

詩は感動のことばから

子どもたちの生活の中には、「ある日あるとき、『あれっ』と疑問に思ったり発見したこと、思わず『わあっ』と歓声をあげたりしたこと」があるはずです。そこで「あれっ」や「わあっ」という感動詞を手がかりに、その場面を思い出させます。最初の段階ではそのまま、自分自身の感動詞から書きはじめると、場面の切り取りがやさしいようです。

まさたかくんは、夏休みに農林高校からもらってきたお米の苗を家でも育てます。その苗にカマキリがすみつきます。追い払わずにずうっとお米といっしょにカマキリの成長も観察していると、めずらしい情景にぶつかります。「カマキリの脱皮」です。その感激をこのような書き出しで詩にしました。

カマキリのぬけがら

二年　まさたか

わあおう
カマキリって、だっぴするんだ。
かわをやぶって、
からだをまげて出るんだ。
ぬぎおわったとき、
むねにおっぱいみたいのがあった。
七、八回だっぴするんだって。

この詩を読みあったとき、子どもたちが感動したのは、「わあおう」という書き出しでした。バイタリティあふれるまさたかくんらしい書きぶりです。おまけにそのカマキリのぬけがらをもってきてくれたものですから、みんなは大さわぎ。

「カマキリのだっぴ、おばさんも見たかったです。よいアンテナをもってたから、見つけたのですね」

（ひなの母より）

「かわをやぶっているところとかよくかんさつできてすごいね」

（ゆう）

みんなからほめられて、まさたかくんはすっかりと「ヘンシン」です。落ちつきを取りもどしたし、友だちへのいじわるもぐっとへりました。みんなから認められるって、すごいことです。おまけに詩を書くのが大好きになりました。毎日「詩を書いたよー」と言っては持ってきます。詩を書くのが楽しくてたまらないようです。

まさたかくんの発見の詩が続きます。

てんとう虫

二年　まさたか

ブーン。
あれっ、なんでてんとう虫は
草のてっぺんにいくと
とんでいってしまうんだ。
「それは、むかしからそうなんだよ」
と、お父さんがむねをはって言った。

思わず、くすりと笑ってしまいそうな詩です。今度は、「音」からの書き出しです。ほかの子どもたちも、発見の詩を次から次へと書いてきました。それぞれの子どもたちが考えぬいた「感動詞」からはじまる詩です。

かぶと虫のようちゅう

二年　まさき

うえっ、
かぶと虫のよう虫がいたんだ。
ゼリーをおく木の下にかくれていたんだ。
ぼくのかぶと虫、十五ひきいたのに
ぜんぶしんじゃったんだ。
よう虫だけのこしてしんじゃったんだ。
かぶと虫って、えらいなあ。
ちゃんと赤ちゃんをのこしてたんだ。

ぼく、ちゃんとそだてるよ。

「新しいいのちの誕生に気づいてくれて本当にうれしいです。来年の夏には立派なかぶと虫になることを私もいのっています」

（まさきの母より）

まさきくんのお母さんは、感激してこんなすてきなメッセージを寄せてくれたのです。

自然との出合い、本物との出合い

豊かな自然のある「東京の青梅」に生活している子どもたちにも、自然とのふれあいが少なくなりました。意識的に自然へ目をむけさせる努力をしてきました。

くも

二年　ゆき

車山からおりてくるとき
くもの中をとおった。
わあ、つめたい。
くもってつめたいんだ。
さわるとすりぬける。
はじめてほんもののくもにさわれた。
目の前のくもは見えなかったけど、
とおくの道のくもは、

あったかそうなけむりみたい。

本物にふれたとき、心がいっぱい動きます。子どもたちは「すごい」「いいなあ」を連発しました。

「くもにさわれたなんて夢みたいね。そのすばらしい体験と感動を立派な詩に書いてすてきだなあと感心して読みました」

（のりきの祖母）

落葉が校庭に舞う季節にすてきな詩が生まれました。転校生で詩なんて書いたことがないと悩んでいたしょうたくんが、体育のとき、青空にすいこまれるように空高く舞う落葉をじっと追っていたのです。

おちば

二年　しょうた

はあ。
おちばがとんでいる。
かぜにとばされているんだね。

すごいなあ。
まるで虫がとんでいるみたい。
かぜがおさまったら、

ゆきみたいにふってきた。

「はじめてなのにすごい！」「さいごまでよく見ていたね！」——みんなの言葉に自信をもったようです。しょうたくんのうれしそうな顔が忘れられません。

「先生、詩って心の栄養だね」

こんなすてきなことばを言ってくれたのは田村さんでした。友だちのがんばりをたたえる詩、友だちのよさを発見した詩、みんなで読みあったときの励ましのことば……。それが心の奥深くまでしみこんで、人の心を動かしているのです。まさに「詩は心の栄養」です。子どもたちの中から出てきたことばだけに、よけいうれしくなりました。

友だちのがんばりをこのような詩にしてくれたのは、ゆうたくんでした。弱い者いじめをするといっては注意されたり、手わるさやおしゃべりがやまず、班の人から注意されてばかりいる男の子でした。みんなの驚きようといったらありませんでした。

ふじたくんの大へんしん

二年　ゆうた

あっ、ふじたくんが手をあげた。
にこにこして手をあげている。
すごい。
ふじたくんが手をあげているとは……。
しんじられない。
声が出せないふじたくんが
手をあげるとは……。
みんなとおんなじ力を
もっているみたいだな。
さんすうでも、こたえがあってたし、
ふじたくんて、てんさい！

そのときを見逃さなかったゆうたくんの鋭い目、そしてやさしさがこんなあたたかな詩を書かせてくれたのでしょう。意外なことでした。

詩を読みあうなかで大へんしん！

「ゆうたくんは、ほんとはやさしい人なんだね。この詩はほんとうに心のえいようだね」（あき）
「ゆうたくんはふじたくんのことをよく見ているね。やさしいね。ふじたくんが手をあげるなんてほんとうにすごいね。ゆうたくんにこんなやさしいところがあるなんてしらなかったよ。ゆうたくんの詩をよんでから、ふじたくんは大へんしんしたね。ゆうたくんがこの詩を書いてくれたおかげだね。ふじたくんはきっととてもよろこんだとおもうよ。これからもいい詩を書いてね」

（ゆき）

子どもたちの感動も的を得ています。素直な感想だけに、せまってくるものがあります。事実をもとに適切な評価を打ち出す子どもたちの表現力にもおどろかされました。

さてふじたくんですが、ゆっくりと動く自分なりの時計をもっている男の子です。自分をうまく表現できないのです。手を上げるということはもちろんありませんでしたし、みんなに聞こえるような声を出すのがたいへんだったのです。

「手を自分からあげられたのだから、もしかしたら、今日は声も出るかもね……」の私のことばに、みんなの目と耳がふじたくんの方を注目しました。するとふじたくんの声が教室中にひびいたのです。「わあおう〜」——みんなの大歓声、そして拍手。ふじたくんもほっぺを赤く染めてにこにこ……。

「大へんしんだあ！」だれかが叫びました。そして、翌日のことです。みんなの思いが届いたのでしょうか。

「三のだんの九九が言える人に言ってもらいましょうか……」——すると、そのときです。ふじたくんの手がすくっとあがったのです。みんなシーンとして注目です。最後までしっかりとした声で言いおえたのです。「合格だあ」「すごい」「先生、給食のとき牛乳でカンパイしようね」みんな小おどりして大喜びでした。

一方、ゆうたくんは……と言えば、次から次へと、すてきな感想が発表されるたびに、ケシゴムのケースをカメラがわりにして、パチリパチリ……。みんなのことばや姿を心のカメラに残しておきたいのだそうです。よほどうれしかったのでしょう。無理はありません。いつもみんなから注意されることばかりでしたから。

翌日のことでした。いつも忘れていたテーブルクロスはしいてあるし、詩のカットの色ぬりはていねいだし……。ゆうたくんも大へんしん！　だったのです。

詩を書いて読みあうなかで、子どもたちは大きくへんしんしていったのです。

家族とのふれあいも大切に

「家族とのふれあいの中で心が動いたこと」というテーマで、ときには「詩のタネさがし」をさせます。取材の範囲を広げることも時には大切になってきます。参考作品をいくつかプリントします。作品を読ませ、どんなことに目をむけ、どんな心の働かせ方をし、どんな気持ちが作品のなかに出ているか、理屈ではなく具体的な作品をとおして感じとらせ、自分の感動の体験を思い出させるようにします。

妹

二年　りみ

「ただいまあ」
と、妹のすずかがつかれた声で
かえってきた。
すずかは、ざぶとんに頭をのせてねた。
ふう。ふう。
と、うなりながらねてた。
ねがおがとってもかわいかった。
ちょっと耳が赤かった。
いもほりでつかれたんだね。
おきてるときもかわいいけれど
ねてるときも、とてもかわいかった。

「けんかもたくさんするけれど、とっても仲よしなんだよね。この詩を読んで家族のみんなとってもうれしくなりました。ありがとう」

（りみの母）

この感想を読んでいると、ジーンとしてきます。苦しい事情を乗り越えて、再出発したりなさんの家族です。家族の絆もより強くなったのではないでしょうか。子どもたちの詩は、おとなをもはげまします。

自分を見つめて

自分

二年　みよ

わたしって、やさしいんだって。
たべくんにお面をつぶされて
だれのか見てみたら、自分のだった。
あの時、にこにこしてたので、

「心がひろい」
っていわれたけれど、
ほんとは、なきたかったんだ。

この詩を読んで一番はっとしたのは担任でした。展覧会の工作の取り組みでの出来事でした。はりこのお面の製作中に、うっかりお面の上に倒れてしまってつぶした人がいたのです。とっさの出来事でした。みんなの目がいっせいにその子の方を見ました。涙があふれていました。みよちゃんは、それを見てぐっとがまんしたのでしょう。だから笑顔を……。それを私はみんなの前で「心がひろい」とほめてしまったのです。

しばらくして、この詩に出合ったのです。本人は納得できなかったのでしょう。正直に自分を見つめ直して書いてくれたのです。とても大切な詩です。子どもの内面を、本当の気持ちを大事に……と思ったものです。

だれもがへんしん願望をもっている

親子とうろん会

二年　なつみ

ううむ。手をあげよっかなあ。
手をあげないでいいかなあ。
よし、けついしたぞ。
手をあげよう。
ぱっ、
先生、わたしをさして！

はっぴょうしたいよう。
「なつみさん！」
やったあ。
でも、ゆうきを出して手をあげたのに
はずかしくて、心がどきどきしてて、
小さな声ではなしたんだ。

「なつみさんのゆれ動く気持ちがうまく書けています。本当に人の前で発表するのはあがっちゃいますよね。おばさんも発表したけれどあがってしまい、上手に言えませんでした。でも人の前でお話をしたり聞いたりするのはとても楽しいことですよね、なつみさん、発表上手でしたよ」

（かずきの母）

このように同じような体験をしたお母さんたちからも、たくさん共感をよんだ感想が届けられました。子どもたちは、だれでもよりよい方向へとのびていこうとする「へんしん願望」をもっています。学級の子どもたちは、ひびきあいながら、はげましあいながら大きくへんしん（成長）してきました。一つの詩を書き、読みあうなかで、単に表現力をのばすということのみでなく、一人ひとりのよさやすばらしさも浮かびあがり、たくさんのことを学んできたように思います。

「朝のスピーチ」「詩を書いて読みあう」「親子討論会」など、さまざまな表現活動を日常的に行ってきましたが、失敗をも含めて丸ごと受け止めてもらえる学級があり、自分を安心して出せる心地よい時間と居場所を共有できたからこそ、のびのびと、心とからだをひらいて表現できたのではないかと思います。

また、子どもたちは学級新聞で、私は学級通信・文集で、お母さんたちは学級ＰＴＡ新聞で、子どもたちのドラマを書き続けてきたことも大きな力となったように思います。

これからも、アンテナをピーンと高く張って、いろんなことに感動できる心を育てていってほしいと願うものです。

第三章　子どもを真ん中に教師と親が手を取り合って

(1) 父母と共同して子育てを

子どもを真ん中にして

いじめ、不登校や信じられないような事件、学級崩壊、落ちこぼれてしまうのではないかという心配やあせりなど、父母の中には不安が広がり、一人ひとりがこれでよいのだろうかと子育ての悩みを抱えています。

一方で、「どうせぼくなんかできないもん」とすぐにパニック状態に陥ってしまう子、低学年のうちから自己肯定観がもてない子などが増え、子どもたちの本音や心がつかみにくくなっています。今、子どもたちが抱えている問題を親と教師がともに考え合う場が求められています。何といっても子どもたちを支えてくれるのは親たちです。低学年の子どもたちにとっては、親同士が仲良くなりわかり合える関係だと、ちょっとした子どものトラブルも、大きな視野から見て解決できるようになります。

そこで、私の経験から一年間子どもを真ん中に、親同士、親と教師が交流していく主なものを紹介してみます。

○親もつながる「おしゃべりカード」（回覧ノート、親同士でまわし書きする）

Ｂ５のカードを用意して「何かあったらお寄せ下さい」と渡します。始めのうちは、「おしゃべりカード」に自由に子育てのエピソードや悩みなどを寄せてもらい、学級通信で紹介し交流をはかってきました。後で、「回覧ノート」につなげていきます。

○親子で読み合う詩や作文

作文や詩など子どもたちの作品を多く取り上げ、日常的に親子で読み合ってきました。他の子の表現のよさや生活ぶりなどを学び合い、「一言感想欄」の励ましの言葉が、書く意欲をかきたてました。

○子どもの本音をもとにした懇談会

子どもたちに、「遊びや友だち」「子どもの願い」などのアンケートをとり、懇談会の資料としました。グループ懇談なども取り入れた子どもの声を生かした話し合いは大いに盛り上がり、子ども理解へとつながり、親の意識をも育てたようです。

○お母さん先生、お父さん先生登場

いろいろな知恵や技、文化を子どもたちにと、学級の父母が先生となり、子どもたちの前に立ちました。お手玉などの伝承遊び、手作り絵本や詩の読み聞かせ、ハンドベルの演奏、中国語教室、看護師さんの仕事など、子どもたちにとって有意義で楽しい時間でした。

○親子討論会

親子で一つのテーマについて語り合えたら、こんな願いでテーマを募集しました。そのなかから、「なぜ友だちは必要か」と「なぜ勉強は必要か」の二つにしぼりました。討論会は前半と後半の二つの班に分かれ、司会は子どもたちがやりました。親たちは我が子が入っていない班の討論に参加します。子どもたちは事前に調べておき、堂々と意見を述べました。父母の意見は子どもたちの心に深くやきついたようです。

「小学校時代の友だちと今も続いている」話や「悩みがあると、電話や手紙でも相談する」という話。なかでも「小・中と勉強が大嫌いだったが、いざ看護師になろうと思った時、勉強がすごく大切なことがわかった」「勉強とは、自分の夢を実現するための大切なもの」という話には、子どもたちは深くうなずいていました。ある子どもが、「どうして勉強するのか、ずうっとわからなかったけど、今日の討論会でわかって、すっきりしました」という感想を述べましたが、二年生でも親子討論会は十分可能だということがわかりました。

（2）今こそ「生命尊重」の教育を　親と共に創る授業
～「生んでくれてありがとう」「生まれてきてくれてありがとう」～

いじめによる自殺・幼児への虐待など、子どもたちをめぐる悲しい事件が続き胸が痛みます。数年にわたり、年三回の「生命尊重」をテーマにした授業が行われました。学校公開の中、全校で「生命尊重」をテーマにした授業が行われたのです。

絵本『わたしのいもうと』を使っていじめ問題に取り組んだ学年、「世界のどこかで」と題して平和教育に取り組んだ学年など、それぞれの学年で工夫をこらして取り組んだところ、参観者にも好評でした。

私の学年、一年生では「大せつないのち」と題して取り組むことにしました。

親と共に命の大切さを考えるチャンスに

低学年のうちから、「ぼく、どうせダメな子だもん」「ぼくなんて、何もできないもん」と、自己肯定感が持ちにくい子どもたちを目にすることが多くなりました。そんな子どもたちが「自分が大好き」「このかけがえのない命を大切にしたい」と少しでも思えるようになったら……と願ってのことでした。

保護者には、前もって協力をお願いして、子どもたちへの手紙を用意してもらうことにしました。入学して半年、ここで立ち止まって我が子を見つめ直してもらえるチャンスにもなるのではないかと考えたからです。

えっ、初めて知った！　心音ってすごいね！

授業は、
▼なんの音？（胎児の心臓の音）
▼なんのたまご？（針の穴のような人間の卵）
▼どんなふうに大きくなってきたの？（三カ月・六カ月・十カ月のお腹の中の胎児の絵）
と進め、最後は、おうちの人からの手紙（生まれたときのこと、名前の由来、あなたの好きなところ）を読み、感想を書くという組み立てでした。

子どもたちは、力強い胎児の心音に、「えっ、何この音？」「大太鼓の音みたい！」と驚いたり、針の穴をすかして見ながら、「えっ、こんなに小さかったの？」とびっくりぎょうてんです。

胎児の成長の絵に出合い、「最初はこんなに小さかったんだ！」「こんなふうにお腹のなかで育っていくんだ！」「えっ、さかさで生まれるの？」と、初めて知ったことに目を見張りました。

おうちの人の手紙に感激！

なかでもおうちの人の手紙を読み入る子どもたちの表情がすてきでした。喜びで顔を染める顔、嬉しさをこらえる顔、「涙が出ちゃう！」と感動する顔。どの顔もまぶしいほどでした。参観して下さっていたお母さんの中から、何人かに代表して声に出して読んでもらうことにしました。ある男の子のお母さんの手紙です。

「あなたがうまれてきたときのことです。うまれてくるときに『へそのお』というものが、くびにまきついていたために、なかなかそとにでてこれず、たいへんでした。うまれたときもすぐになきごえをあげてくれなかったので、とてもしんぱいしました。『オギャー』というこえをきいて、ほんとうにあんしんしました。そして、十カ月ママのおなかにいたあなたにやっとあえたうれしさでいっぱいでした」

こらえきれずに涙するお母さんに、教室いっぱいの参観者のお母さんたちも思わずもらい泣きです。次に立ったお母さんは、お腹を手術して娘を生んだ時のエピソードを涙ながらに語ってくれたのです。子どもたちの誕生秘話はどれも感動的で、子どもたちの心をとらえました。名前の由来もそれぞれの子どもたちがくいいるように読みました。初めて、名前の由来を知った子どももいたようで、「そうだったのかあ！」「この名前、やっぱり大好きだなあ」と、納得したようでした。

良いところも悪いところも丸ごと大好き

最後の「あなたの好きなところ」の発表では、愛のメッセージがいっぱいで、心を打つ内容でした。ある女の子のお母さんです。

「あなたのだいすきなところは、・すなおなところ・えがおがかわいいところ・やさしいところ・がんばりやさんのところ・いいところがたくさんあるあなたがだいすきです。

でもね、・おかたづけをしないところ・わがままをいうところ・ひとまえでモジモジしちゃうところ、なおしたほうがいいな……とおもうところもだいすきです。

ママは、あなたがだいすきだから、あなたのなおしてほしいとおもうところもぜんぶすきです。

どんなにいい子でも、ほかの子ではなくあなたが一ばんすきです。きっとパパもおなじだとおもいます。

よいところは、どんどんふやして、すてきな人になってください。そして、なにがあっても、パパとママは、あなたのことがだいすきだということをおぼえていてくださいね」

このお母さんのように「あなたの良いところも悪いところも丸ごと大好き」というメッセージを書いてくださったおうちの人が多くいらしたことに私は感動してしまいました。

子どもたちもきっと、心を大きく開いて、このメッセージを受け止めたことでしょう。

授業の感想の発表では、トラブルメーカーである男の子がこの授業にいたく感動して次のような感想を書き、大きな拍手を受けました。

大せつないのち

一年　まきと

ぼくは、おとをきいたとき、しんぞうは、こんなおとなんだってわかって、うれしいです。にんげんのたまごは、こんなにちいさいとは、おもいませんでした。ほんとうにいいべんきょうでした。

ぼくは、おかあさんにだいじにされてうれしいです。うれしなみだがでました。ほんとうにいいべんきょうなので、もういちどやりたいなとおもいました。ほんとうにいいべんきょうでした。

ぼくたちもお手紙書きたい！

この授業の後、子どもたちから声があがりました。「ぼくたちもおうちの人に手紙を書きたい！」と。さっそく取り組みました。

おうちの人へのおてがみ

一年　かりな

ママのおなかから、ぶじにうまれてきてよかったです。ママうんでくれてありがとう。かわいらしいなまえをつけてくれてありがとう。やさしい子にうんでくれてありがとう。ママのやさしいところが大すきだよ。ママとパパが大すきだよ。ずっとずっといっしょにいようね。ママおてがみかいてくれてありがとう。パパいつもやさしくしてくれてありがとう。

おうちの人へのおてがみ

一年　あきと

おかあさん、ぼくをうむのにたいへんだったでしょ。でも、おうちのみなさんのはげましで、ぼくがうまれたんだね。おてがみありがとう。おうちのみなさんありがとう。ぼくをうんでくれてありがとう。おとうさん、いいなまえありがとう。ぼくは、じぶんのなまえがすごくきにいっています。
おかあさんの大すきなところは、あそんでくれたり、いろいろはなしてくれるところです。おこるところわいけど、おこらないと、やさしいところが大すきです。

どの子の手紙もとてもすてきでした。おうちの人の「愛のメッセージ」に懸命にこたえようとしています。学級文集に掲載して、みんなで読み合いました。おうちの人からの感謝の便りもたくさん届けられました。

「作文」を書くことも大好きになっていた一年生は、「あのどうとくの授業のこと作文に書きたい」ということになり、書くことになりました。「ぜったい忘れられない学習」として、いつまでも子どもたちの心の中に残ったことをとても嬉しく思います。

大せつないのちのべんきょう

一年　ゆり

どうとくで「大せつないのち」のべんきょうをしました。あかちゃんがおなかにいたときのしんぞうのおとをききました。すごく力づよかったです。

おなかにいたときのたまごは、すごく小さくて、はりのあなみたいでした。あかちゃんは、三ヵ月で十センチ、六ヵ月で三十センチ、十ヵ月で五十センチと大きくなっていくことがわかりました。さかさまからうまれるのがふしぎでした。

おかあさんからの手がみをそうっとひらいてみたら、さいしょは、わたしがうまれたときのことがかいてありました。

「おかおがとっても小さくて、小さいからだをいっぱいうごかして、げんきいっぱい」とかいてありました。なまえは、女の子らしくかわいいなまえをつけてくれました。「あかるくて、げんきで、かっぱつなところと、はずかしがりやでなみだもろいところも大すき」とかいてくれて、すごくうれしかったです。よんでいて、目になみだがじゅわあっとでてきました。ぜったいわすれられないおべんきょうです。

これからも、いのちを大せつにしたいです。おかあさん、うんでくれてありがとうございます。おもいだすと、いまでもうれしなみだがでます。

しばらくして、

「先生、これ今お母さんのお腹のなかにいる赤ちゃんの本物の写真なの。みんなに見せてあげて！」と、検診した時の大切な胎児の写真を渡された時、あの授業がまだみんなの心の中に生きていることがわかり、嬉しさでいっぱいになりました。

（3）親・子・教師をつなぐ学級通信
～子ども・父母の願いや要求を受けとめながら発行～

子どもと父母がタイトルを決める

私はこれまで、できるだけ毎日のように学級通信を出してきました。父母に子どもたちの活動のようすを知ってほしい、という思いと、子ども・父母・教師を結ぶ心のかけ橋ができたら、という願いがあるからです。

新しい学級を担任すると、「学級通信」の名前を子どもたちと父母の協力でつけるようにしています。そのとき、名前といっしょに理由も書いてもらうようにしています。「えがお」は「子どもの笑顔あふれるあたたかいクラスになるように」、「かがやいて」は「いつも明るくさわやかで元気に育ってくれるように」というように、子どもや父母の教育への願いや要求が寄せられるからです。そして、これは教育活動への父母としての参加の第一歩ともなるのです。

「あやとり」「ふれあい」「であい」「そよかぜ」「のびのびげんき」「ひなたぼっこ」等――自分

自身では考え出すことのできないすてきな名前です。その中には、それぞれの子どもたちとのドラマがつづられています。タイトルを聞いただけで、そのときどきの子どもたちの姿が浮かんでくるのです。

生き生きと輝く面をとらえて

「先生、うちの子、ちっとも学校のこと、話してくれません。だから、学級通信がとってもありがたいのです。通信をもとに会話がはずむのです」

これは、あるお母さんのことばです。学校での子どもたちのようすや暮らしぶりはどうか、これが父母の関心事です。子どもたちのキラキラと輝く姿をとらえ、「みんなの前で話せなかったあきちゃんが、みんなとの取り組みの中で、大きな声が出せるようになりました」というようにできるだけ固有名詞で伝えるようにします。「はじめてできた！」「やったあ」「すごい！」という感動の場面も、子どもたちのよろこびのことばとともにリアルに伝えるようにします。固有名詞で載せることで、一人ひとりの子どもたちがクローズアップされてきて、より身近に感じられるようになるのです。

ストレスや不安から否定的な姿を見せる子どもたちが多くなりましたが、現象面からのみとらえるのでなく、発達を阻害している背景や周囲にまで目を向け、その子をまるごととらえる教師の目が、いまはとても大切になってきています。否定的な面のみを追うのでなく、子どもの生き生きと輝く面をとらえ、知らせていくことが、目の前の子どもたちにとっても大切なのです。

「先生、〇〇ちゃんのこと、通信に載せてあげたら、おうちの人もよろこぶと思うよ」

乱暴者だと思っていた男の子のやさしさを見つけた女の子のことばです。友だちのよさを見つけられる目が、通信を発行するなかで育っていくようです。それは、固定的に子どもをとらえがちな父母の見方をも変えてくれます。

一人ひとりの出番を保障する

「最初のうちは、つい自分の子どもの名前ばかりを探してしまいます……」

これが、親の本音だと思います。子どもたちの出番を、紙面のあちこちに意識的に取り入れたいものです。題字を順番に書いてもらったり、自由に子どものカットを入れたりしています。「〇〇のなかましょうかい」として、一つの枠を設けて学級一人ひとりのプロフィールを順番に紹介していくと、「今度はぼくの番だ」と、とてもたのしみに待っています。いそがしい中での発行ですので、このようにシリーズものをもっていると、前もって準備しておけるのが便利です。

作文や詩など、子どもたちの作品も多く取り上げますが、作品を読み合うなかで、友だちの表現のよさや生活ぶりも、日常的に学び合えるようにしています。ひと言感想欄を設け、親子で読み合った感想を寄せてもらい、翌日発表し合います。掲載された子どもは学級みんなの注目の的であり、主人公です。だれにも出番と居場所をつくってあげたいものです。できれば、書くのが苦手だと思っている子どもの作品を最初に取り上げるようにすると、自信がもて、意欲もわいてきます。

父母と共同して子育てを

「いま、こんな学習をしています」「こんな取り組みをしています」と、できるだけ子どもたちの発言を一時間の授業の流れがわかるように工夫して載せたり、学習のポイントや学習方法、つまずきやすい点などについて解説したりしています。「わかった」「できた」と、全員が到達目標を達成したときの子どもたちのよろこびの声なども意識的に載せます。これがとても好評です。父母の関心や援助に支えられて学習意欲がぐんと増したり、大きく力がのびる子どももいます。

授業参観に行って、おばちゃんはみんなに圧倒されてしまったよ。はつらつとたのしそうに勉強しているんだね。おばちゃんはこのごろ元気がなくて、しょんぼりしていたんだ。けれど、みんなからエネルギーをもらえた。サンキュー。いつもパワー全開で行こう!

しほのおばちゃんより

　このような父母からのメッセージが、また子どもたちをつぎのステップへと燃え上がらせてくれるのです。たくさん寄せられた感想などは、学級ＰＴＡだよりでも発表され、父母どうしの交流の場ともなっています。

　いじめ、不登校や信じられないような事件、落ちこぼれてしまうのではないかという心配やあせりなど、父母の中には不安が広がり、一人ひとりがこれでいいのだろうかと子育ての悩みを抱えています。一方で「どうせぼくなんかできないもん」とすぐにパニックに陥ってしまうのはどうしてだろう、なぜ低学年のうちから自分に自信がもてないのだろうなど、子どもたちの本音や考えがつかみにくくなっています。いま、子どもたちが抱えている問題を親と教師がともに考え合う場が求められているのです。子どもたちとの取り組みをとおして見えてきた変化などを中心に問題提起して、父母の力を借りながら考えたいものです。

　そこで、「あそびや友だちについて」「子どもたちの願い」などのアンケートを取りました。そのまとめを学級通信に載せ、懇談会の資料としました。

　当日は、グループ懇談を取り入れるなどして、活発に討論しました。子どもの声を生かした話し合いはおおいにもり上がり、子ども理解へつながり、親の意識をも育てました。

子ども・親の励ましで継続発行

「ねえ、先生。通信二〇〇号になったら、お祝いのメッセージを書いてあげるね」こんなやさしいことばをかけてくれた子どもたち。目標が達成すると、ほんとうに黒板いっぱいにメッセージや絵が書かれていたのです。そんな感動的なシーンにぶつかることもあるのです。「いつまでに〇号出したい」など、目標をもって子どもたちに公約すると励みになります。それぞれの節目に子どもや父母から要望やメッセージをもらったりしてきましたが、これが内容の改善にもつながります。二年間で二〇〇号を超えたときには、父母からも、つぎからつぎへとメッセージが届きました。

二〇〇号おめでとうございます。おいそがしい中、いつも学級通信を書いていただきまして、ほんとうにありがとうございます。学級のお友だちや自分の子どものようすがその日のうちによくわかり、毎回たのしく読んではわが子と話し合う機会の資料とさせていただいております。一人ひとりのよいところを引きだしてもらって、子どもにやる気を与えてくださる金田一先生と学級通信に感謝いたします。

かずきの母

教師も人の子、子どもや父母によろこんでもらったり、励まされたりすると、がぜんやる気が出るものです。

一年生の一学期の終わりのことです。「先生、学級通信に載る子と載らない子と、かたよりがあります。ある子は○回なのに、うちの子は……」といわれました。また、別の母親からは、「先生、もっと文字を読みやすくていねいに書いてください。子どもたちにも読ませたいんでしょ。うちの子がつづけ字でよく読めないって」と。「えー、そんな」と一瞬思いましたが、ある父親のことばを思い出して、にっこりと対応しました。

その人は、「この先生は、私たちの要求をちゃんと聞いてくれるなと思ったらなんでもいえるけど、だめだと感じたらなにもいいませんよ」といったのです。親の要望も宝なのです。

私にとっての学級通信とは、学級づくりのうえで欠くことのできないものです。出すことによって、子どもたち一人ひとりを見つめる目がみがかれ、子どもに寄り添うことができるのです。

（4）ののびと自分のことばで表現できる子どもに（一年生の一学期の実践から）
〜自分を見つめて思いを書く・母の悩みにこたえながら〜

子どもたちの心の叫びは発達への切実な要求

裕也くんは、元気いっぱいの一年生です。しかし、友だちに対しては手当り次第に暴言・暴力。「どうしてやったの?」と静かに聞いてみると、「イライラしたから……」との返事。「僕たちね、保育園でも叱られていたんだ」「でもね、人間てね、一つ一つがんばっていくと変わっていけるんだよね、先生」「保育園の先生が言ってたよ」――この言葉を聞いた時、感情をうまくコントロールできずにすぐに手や足が出てしまい、「僕ってだめな子なんだ」と悩んでいた裕也くんがいとおしく思えました。

他の子どもたちには、痛みやその時の気持ちを発表してもらいながら、「なぜ暴力はいけないのか」何度も話し合いました。少しずつ暴力は少なくなっていきましたが、問題を起こすたびに、「僕ってだめな子なんだよね」と悩みを引きずっていたのです。

裕也くんのような子どもは、この頃よく見かけるようになりました。この子たちに自分の気持ちを素直に表現できる力をつけてやり、友だちとうまくつながれるように、と思って実践を始めました。

文字学習を楽しく　生き生きと「言語活動を」

一年生の学習では、基礎・基本が特に大切です。どの子にも「わかったあ」「できたあ」「もっとやりたい」という学習への喜びをもたせたいと思いました。

「つくし」と簡単な一筆書きの文字から、形や筆順、特に生き生きと生活の中に生きて働く「ことば」を見つけ出してほしいと思いました。「ことばあつめ」に実物を登場させ、楽しく学習していた時のことです。「は」の学習では台所の秤《はかり》をわざわざ持って来た子がいて、「計ってみて」「すごい」「これが秤っていうの」みんな大興奮。ことばと物とが、子どもたちの中に実感をともなって入っていく瞬間でした。

ある日のこと「中村さんを持って来ました。『な』がつくからです」。裕也くんのユニークな発想から、ことば探しが身の回りの物だけでなく、友だちの名前にもどんどん発展していきました。「習った文字で書きたい」と、子どもたちのノートにも毎日新しいことばがふえていきました。「家でも書いてきたよ」裕也くんは、得意そうでした。

「朝のスピーチ」では、裕也くんはかたつむりを教室に持ち込み、堂々と十三文の話をしました。

かたつむりをもってきました。（中略）たべものは、きゅうりやきゃべつ、さつまいもとかもたべます。なつ・あき・ふゆのずかんでしらべました。みずもあげないとしんじゃいます。うんちはながいです。きでなかをつっつくとからのなかにはいっていきます。めだまをおすと、ぜんぶつのがひっこんじゃいます。つちだけでもいきられます。いちにちぐらいは、たべものをあげなくてもいきられます。

感想・質問コーナーでも生き生きと応答し、能動的に生き物に働きかけている姿に、「裕也くんってすごい！」と、子どもたちから一目置かれるようになったのです。
「朝のスピーチ」では、「がくあじさい」や、「どくだみ」「さわがに」などが教室に持ちこまれました。聞いている子どもたちには、何文の話かを数えながら聞かせ、文意識を育てるようにしました。「絵とおはなし」の取り組みも進めていきました。

せんせいあのね。書きたいことがいっぱいの生活

話しことばから書きことばへと発展した子どもたちは、「せんせいあのね」で知らせたいこと

がいっぱいです。本物の自然との触れ合いを通して、感動を次から次へと書いてきました。

ほたるをみにいったこと

一ねん　ゆかり

どようび、おにいちゃんとおばあちゃんとわたしで、ほたるまつりにいきました。ほたるは、ぴかぴかひからせながら、とんでいました。ほたるは、いっぱいいました。いっぴきほたるをつかまえました。そのときほたるは、じっとしていました。てで、つかまえました。びっくりしました。

だんごむし

一ねん　りゅうき

だんごむしは、まるいかたちでした。しょっかくがにほんありました。むしめがねでみたら、よくみえました。あしは、じゅうよんほんありました。せんが、じゅうさんぼんありました。しんだふりをしていました。
ちょっと、しろいのもいました。てのうえにのせてさわったら、まるくなりました。

絵や写真やテレビの世界だけでなく、子どもたちには、ぜひ本物と出合わせたいと思います。自然に恵まれた青梅の地でも、実物をじっくりと観察させたり、触れ合わせたりすることが大切なことであると思いました。

あさがおがさいたこと

一ねん　もも

きのう、がっこうでむらさきいろのあさがおがさきました。かわいかったです。さいてうれしかったです。あさがおがだいすきになりました。みんなのあさがおがさきました。あさがおのかんさつがすきになりました。あさがおのつぼみもありました。

すぴいち

一ねん　りん

せんせいあのね。わたしは、なかなかすぴいちができなかった。でも、きょうできたからうれしかった。

あさがおの観察を楽しみにしている文や、勇気を出してスピーチに挑戦して合格した喜びを表現する文に出合うたびに、文を綴ることの大切さや、それを読み合う楽しさを、子どもたちと共に味わう日々でした。

「作文をもっとくわしく書くためにどうしたらよいか」をテーマに作文の授業

書くことが楽しくてたまらなくなった子どもたちに、みんなで共通体験したプールの授業のことをくわしく書くためには、どうしたらよいか、授業を組んでみました。どの子も、「楽しかったあ！」と大喜びのプールの授業だったからです。

一、まず、プールでみんなでしたことを確認しました。

①みずのなかで駆けっこをした。
②四くみは、三くみとみずのかけあいをした。
③まねっこたいそうをした。

二、みんなでしたことを確認した後、ただそのことを文で並べてみました。

「これでどうですか?」と言うと、「みじかい。」「かんたん。」「よくわからない。」「つまらない。」の声があがりました。

三、「では、どうしたらよいでしょうか?」と問い、みんなで話し合いをしました。

・自分がしたことをもっとくわしく書くといいね。
・その時、思ったことを書くといいね。
などいろいろと出されました。

こんな簡単な授業でしたが、今まで作文は嫌い、書きたくないと言っていた子も書けるようになり、友だちを驚かせました。裕也くんは、次のような長い作文を書きました。

ぷうるのこと

ひろや

ぼくは、ぷうるにはいりました。ぷうるは、ふかいところもありました。しゃわあをあびたら、きゅうにさむくなりました。きんだいちせんせいは、まえにいたから、はいれませんでした。

みずのかけっこをしました。みずのかけっこがおわったら、きゅうにさむくなりました。そのとき、さむいときと、あついことがあることがわかりました。ぷうるがおわったら、せんせいが「せんせいもはいりたかった。」なんてゆいました。

かえったとき、おしゃべりしながらやったらころびました。そのとき、みんなわらいました。そしたら、おこりそうになって、けりそうだったけど、できませんでした。

みんなで読み合うと、「自分が思ったことがいっぱい書いてあって、すごい」と、感想がたくさん出されました。特に、自分の感情をコントロールして、友だちに暴力をふるわなかったことが、裕也くんの成長を感じられ、うれしいことでした。

自分を見つめて思いを書く　自分の気持ちを素直に表現する力を

七月のある日の事、裕也くんの母親が面談したいと申し入れてきました。「我が子の行動を聞くたびに心配になってきた」とのことでした。この間にあった様々な出来事を話しました。最近、「ぼくなんかこの学校からいなくなればいいんだよね」「転校すればいいんだよね」と言う裕也くんの言葉が特に気になることを話しました。

すると、「『そんなだったら、この学校にいられないよ』と、カーっとなって言ってしまったのは、私です……」と涙ながらに話してくれました。翌日、次のような連絡帳が届きました。

「昨日はお忙しいなか本当にありがとうございました。裕也とたくさん話をしました。泣きながら『絶対に変われる』と自分の口から出た裕也の言葉も初めて聞きました。本当に色々な事を理解できる（できている）裕也を知りました。そして、私の言う言葉一つが、どれ程、裕也、子どもたちに大きな影響を与えるかということを、改めて考えさせられました。今まで分かっていても止められない自分がいた事も事実です。私も裕也と共に「変われる」努力をしていきたいと思います。裕也の笑った顔、うれしい顔が大好きです。これからも、ご迷惑をおかけする事もあると思いますが、よろしくお願いします。長い時間、本当にありがとうございました。」

我が子と真剣に向き合った姿に心打たれました。裕也くんは、どことなくすっきりとした様子でした。二、三日後、また裕也くんの母親から、次のような連絡帳が届きました。

「昨日、七月九日に裕也の書いた『先生あのね』を読みました。涙が止まりませんでした。どうかがんばろうとしている裕也を、これからの裕也を見てやって下さい。少しずつ少しずつでも、一つずつ一つずつ変わっていけるように、家族皆で手を貸し、見守って、話をたくさんして……応援して育てていきたいです。」

裕也くんの「せんせいあのね」のノートをあわてて開いてみました。一年生の一学期なのに、ノート四ページにわたり、たどたどしい文字で綴ってありました。自分を真剣に見つめ、少しでもよりよい方向へと変えていこうとする切ない思いが伝わってきて、胸があつくなりました。

裕也くんのあのね帳より

「ぼくきのう、おかあさんとはなしをして、どうやってじぶんをかえられるのかわかった。それで、きょうなおそうとおもった。たたいたり、けったりしないから、みんなをあんしんさせてまもってあげるね。それで、おともだちもひゃくにんつくって、せんせいもあんしんさせてあげる。だから、せんせいもあんしんして、ゆっくりやすんでゆっくりしてね。ひろやのことは、きにしないでいいからね。がんばるから。せんせいもがんばってね。いつもね。がんばれ。みんなにもゆってね。ひろやだけじゃなくて、みんなもがんばってね。」

この文を学級の子どもたちと読み合ったところ、「裕也君、すごい！」「よくこんなことが書けたね」と拍手が起きました。

自分のことばで、自分の気持ちを素直に表現した文章を読み合うことで、子どもたちはお互いを理解し合い、学び合いながら、共に伸びていけるのだと思いました。この後、裕也くんは誕生日会に向けた「劇遊び」でも、リーダーとなって活躍し、学級の子どもたちからも慕われるようになっていったのです。

(5) 子どもの声をもとに和気あいあいの懇談会

帰りの会であそびの約束

二学期の保護者会が終わったある日のことです。

「つぎは、あそびの約束タイムの時間です」

帰りの会の日直の合図で、みんなさっと動き出します。

「○○ちゃん、きょうあそべる？　○○ちゃんは？」

「○○ちゃん、○○公園で待ち合わせしようね！」

約束できた顔はじつに満足そうです。

お母さんたちの話では、あそびの約束ができた日は、帰ってくる足音もはずんでいるとのことですから、子どもたちにとっては、あそびはまさに生活の一部、〝いのち〟といっても過言ではないと思います。

私の子ども時代には、どの家にも年ごろの子どもが何人もおり、いわゆるガキ大将が、十五、六人もいる集団をとりしきっていました。このような異年齢集団のあそびのなかで、協調性や集中力、そして社会性など、たくさんの大切なことを学んでこられたのだと思います。

いまの子どもたちは、小さいうちから塾やおけいこごとに追いまくられ、思いきり友だちとあそぶ時間がとれないといわれています。

そこで一学期の末、学級ＰＴＡ新聞の編集委員のお母さんたちが、「放課後の子どもたちの生活について」のアンケートを実施してくれました。そのまとめから、あそび時間の不足が浮きぼりにされました。

あそびをテーマに懇談会

二学期のはじめ、保護者会がありました。懇談会のテーマは「あそびと友だちについて考える」。さっそく、学年で子どもたちへ「あそびや友だちについて」のアンケートをとることにしました。

このアンケートによる子どもたちの生の声をまとめ、保護者会の資料として提起しました。

「あそびについていつも思っていること」としては、
●あそびはたのしいし、おもしろい。
●こんな広い校庭でたのしいことができて、しあわせものだな。

●いつもたくさんあそべてうれしい。
などの声が圧倒的でしたが、同時につぎのような課題も出されました。
●あそびの時間を増やしてもらいたい。
●もっと広い公園（ところ）であそびたい。
●もっとちがうあそびを知りたい。
●もっとたくさんの人とあそびたい。
●もっと自由にあそびたい。
●もっと遠いところに行きたい。
「友だちについていつも思っていること」としては、
●やさしい友だちがたくさんいてうれしい。
●あそんでいるから友だちになれる。
●友だちがおもしろくてたのしい。
などという子が圧倒的で、ほっと胸をなでおろしましたが、つぎのような願いも出されました。
●もう少し友だちを多くしたい。
●少しけんかをするのをがまんしてほしい。
●もっと大勢の友だちとあそびたい。

母親の願いもあそぶこと

懇談会では、まず私のほうから問題提起したあと、グループにわかれて話し合ってもらいました。五つのグループそれぞれに世話人をおきました（当日の参加者は二十七人）。お母さんたちの手もとには、わが子のアンケート用紙があります。

私はといえば、五つの班をあちこちめぐって話し合いに参加していきました。

「学校の休み時間、ひとりぼっちかと思ったら、みんなといっしょにあそんでいるみたいで安心しました」

「女の子って男の子とちがって、あそびがチマチマしているんですねえ。そろそろおやつにしましょうか、なんて、大人のまねをしているみたいなんですよ」

どっと笑いが起こりました。どの班も、お母さんたちが夢中で話しています。この方式にしてよかったと思いました。

「最近は、ファミコンってすたれているんですよ。先生、知ってました？　かわりにＤ・Ｓなどの携帯型ゲームに夢中なんです」

「うちの子なんて、友だちの家に一そろいかかえて行きますよ」

約四十五分という時間は、あっというまに過ぎてしまいました。各グループの交流ということで全体会に切りかえました。各グループの世話人の方たちは、話されたことを短い時間で手ぎわよくまとめて発表してくれました。

おもなものをあげてみると、

●だいぶ友だちが決まってきたようです。同じ傾向の人とあそぶのが多くなったようです。外あそびが中心で五時ごろまで真っ黒になってあそんでいるそうです。

●近くの公園がたまり場となり、学年関係なくあそぶのでとってもうれしい。

●学校の昼休みが三十分あるので、そこでたくさんの友だちとあそんでいるのでありがたい。

●学校であそびの約束をしてくるとありがたい。

●ゲームばかりだと友だちとのかかわりが少ないので、外でみんなであそべるあそびを紹介してほしい。

●早期教育ということで、小さいうちからの塾やおけいこごとには賛成できない。たくさんあそばせてほしい。

●放課後、校庭で自由にあそべるとよい（あいているのです）。

最後には、「子どもたちがいきいきとあそべるよう、親も含めてコミュニケーションをはかりましょう」というまとめになりましたが、子どもたちの声を生かした懇談会、これからもおおいに取り組みたいと思いました。

第四章

教師ってすてきな仕事・子どもってすてきすばらしい！

(1) 今を生きる子どもの心の叫びに耳を傾けよう

《友達》

五年　歩

友達は、めんどうくさい
仲よしの友達と話していると
もう一人の仲のよい友達に
「少し話があるから来て。」
と、言われた。
行ってみると
「あの子好き?私はきらい。」
と、言われた。
私は、いっしょになって、
「私もきらい。」
と、言ってしまった。
本当は好きだけど、言ってしまった。
もし、その仲よしの子に
バレたらどうしよう
その時はその時で
きちんとあやまろう。
「ごめんなさい。」って。

友だちに言われて、とっさに答えてしまって後悔。そんな心の動きがとてもリアルに表現できているすてきな詩です。ややもすると友だちから浮きがちな子どもでしたので嬉しい限りでした。「友だちって……」と、みんなで考え合うのにとっても大切な詩でした。本人の了解を得てみんなで読み合いました。子どもたちの反響は大きく、「私も同じ思いをしたことがある」と共感する声がいっぱいでした。

「ちゃんとあやまろうとする『力』がすごい」と作者への見方を一変したのです。

目の前の子どもの心の叫びを受け止めながら、一人一人の思い（本音）をみんなの前に出し合い、共感し合いつつ、つながり合う。このことがとても大切なことだと思われます。

二学期、苦悩や困難を抱えこんだ子どもたちと必死で取り組んでこられ、「三学期をどうしめくくったらよいか……」と思案中の先生もいらっしゃるのではないでしょうか。私はＳＯＳを受け、再び二学期後半から高学年の教室に入りました。

あふれる子どもたちのパワーに、時には押しつぶされそうになりながらも「何と愛すべき子どもたちなのだ……」と笑いとばしながら過ごすことができました。

それには秘密があります。学年や他の先生方の支えはもちろんのことですが、大きな心の支えになったことがあります。それは、東京教研国語分科会で感動とともに学んだ「子どもの見方」と「心構え」です。ここに紹介しますので、ぜひ参考にしていただきたいと思います。

○他のクラスと比べない。去年のクラスとも比べない。
○荒れた言葉をそのまま受け止めない（翻訳語を通す）。ほんとうに思っていることは案外違う。
○六年なのに……とハードルを上げない。目の前の子どもたちを見る。
○クラス全員で共有できる心地よい時間をつくる。（心の体力を温める）
○どの子にもわかる授業を。

子どもの願いや思いにひびき合い、子どもから出発する教育を共に創り出していきましょう。

(2) とことん話し合って解決できた経験を

仲直り

五年　奈月

遊びの約束が理由で
三たい三でけんかした。
悪口の手紙こうかん。
悪口の言い合い、最悪だった。
先生がみんなと話し合いの時間を
とってくれた。
相手は三人のうち、たった一人。
仲直りしたかったけど、できなかった。
でも、一人で来るのは勇気がいるのにすごい。

次の話し合いのときは、みんないた！
相手のいやだったこと。
自分が悪かったこと。
相手のいいところ……
みんなで言い合った。
「みんなで、今度遊ぼう。」
と、言ってくれた。
仲直りできて、本当によかった。

大人から見ればちょっとした行き違いかも知れませんが、「遊びの約束のトラブル」も、特に高学年の女子にとっては大問題なのです。講師で入っていた私のところへ「生活ノート」で訴えてきたのは、しばらく経ってからでした。話し合って解決したいという子ども達の気持ちをくみ、子ども達が信頼を寄せていた専科の先生と二人であたりましたが、第一回目で三時間近く。次回は、ぜひ全員でと、たっぷり時間を取り、全員が本音を出し合う中で解決できたのです。

この詩を通信に載せみんなで読み合いました。ある女の子の感想です。

「私も奈月さんと同じ意見で、けんかしているときは、最悪でした。心に大きな穴が開いたままでした。『みんなで、今度遊ぼう。』と言ったときは、みんなの心がいっしゅんで一つになった気がしました。」また、同じテーマで書いた詩には、「今度、同じようなことが起きたら、先生方の力を借りないで、自分達の力だけで解決したい」と書いていたのです。

大変だったクラスを常に前向きな考え方で引っぱっていってくれた女の子でもあったのです。

子ども達は本来、このようなすばらしい考え方と力を持っています。大変なことが起きても、みんなでとことん話し合って解決できたという貴重な経験は、きっと次へ生きていくことでしょう。「話し合ってこそ解決できる」は、民主主義の基本です。今の学校現場でこそ自由に意見を出し合う中で、子どもにとって大切なことは何か……を創り上げていけるように願うものです。それにしても忙しすぎます。子どもとじっくり話し合う時間こそ保障してほしいものです。

（3）今こそ、平和教育を
戦争の真実を子どもたちに――みんなが語り部になって

戦後七十年をむかえ、「八月六日は？」の問いに「それ何の日？」と答える若者の姿に接して、戦争の真実を子どもたちにどう伝えていくかが、今、大きな課題となっていると思います。

私は、「戦後レジーム（体制）からの脱却」を掲げ、教育基本法改悪や憲法改悪を目指し世界の宝である「憲法九条」をも変えようとする政治の流れに強い危機感を抱いて、十年近く前の夏を過ごしました。この年の夏休みに「ぞうのはなこ」「はだしのゲン」がドラマ化されて、反戦を訴える大人たちの姿も大きく打ち出され、感動的な内容に制作者の強い意志を感じ、心強くなりました。

また、広島市の平和記念式典で、六年生の子ども代表が述べた「平和の誓い」の一節、「『憎しみ』や『悲しみ』の連鎖を、自分のところで断ち切る強さと優しさが必要です」も感動的であり、ぜひ子どもたちと読み合いたいものだと思いました。テレビ番組「吉永小百合・言葉で平和を紡ぎたい」では、「声が出る限り続けていきたい」と語り続ける姿に接し、小学生の孫と共に涙を流しふるえました。語り続け、伝えていくことの大切さ、特にそれを受けて次の世代へと受け継いでいくことの尊さが浮きぼりにされましたが、心ある大人であればいつでもどこでも平和の大切さを語り始めることができるのではないかと思います。

学校では、教科書の「平和教材」は少なくなりましたが、子どもたちと学習する機会は多くあるように思います。小学三年生が「平和教材」の学習の後で次のような詩を書いてくれました。〝日本は、しあわせな国でよかった〟。憲法九条がかろうじて守っている平和がこの国で生きている実感、子どもの目にしっかり映っていることを確信します。

ぼくの国

三年　けい

日本は、しあわせな国でよかった。
だって、ほかの国は
せんそうとかしてるんだもん。
日本は、前せんそうしていたけどまけて、
日本をしあわせな国にしたかったのかな。
せんそうの人ごろしがいやになったのかな。

「ちいちゃんのかげおくり」のちいちゃんも
「ほたるのはか」のせつ子も
みんな小さいのに
せんそうで死んでしまった。
日本は、もうぜったい
せんそうはやらないって、きめたんだって。
日本に生まれてよかったな。

六年生の歴史学習でのことです。子ども達から出された課題の中で一番の関心事は「なぜ、この日本で戦争が起きたのか」と「原爆が落とされたりした中で戦後人々は、どうやって立ち上がっていったのか」でした。今の平和な日本で生きる子ども達にとって、ほんの六十数年前に戦争があったという事実は、写真や資料等をもとに学習してもなかなか理解しにくいようでした。

戦争の真実を語る「語り部」が少なくなりつつある今、学年で「原爆先生」という語り部の話を聞く機会を得たのです。軍人として原爆投下直後の広島に入り作業する中で被爆した父親の遺志を継ぎ、その体験を原爆の語り部としてあちこちの学校で語っている方です。ふだんの授業ではなかなか集中できないといわれている子ども達が、九十分間身じろぎもせず聞いていたのです。真実の話は子ども達の心深くしみわたったようで、たくさんの感想が寄せられました。

戦争なんて二度と起きないでほしい

「今日教えてもらったことをぜったい忘れないで生活していきたい」「すごく心に残ったのは数え切れないほどの死者と『助けて』という声です。もう二度と起きないでほしい」

真実から目をそらすことなくこれからも学習していってほしいものだと思いました。

原爆はすごくおそろしい武器だと分かった

六年　昭二

原爆のことは、国語や社会の時間で習ったけど、今日は本当に体験した人の話をもとに、もっと細かいことまで知れてよかったです。池田さんの話の前半を聞いている時は内容がとてもひさんで暗い気持ちになりました。原爆は中心温度が百万度で衝撃波は全てをこなごなにして助かった人も放射線のえいきょうで後から病気にかかってしまうというのは、すごくおそろしい武器だということが分かりました。池田さんのお父さんが軍用トラックで進んでいた時、被爆者がトラックに乗ろうとしたので手をさしのべたけれど、皮がはがれて下に落ちてしまったときと、元安川の水が蒸発して中に逃げこんだ人が積み重なって死んでいたという所が一番いやな場面で胸がつぶれそうでした。

最後に池田さんたちが原爆資料館に行って、被爆者の模型を見たときに池田さんのお父さんが「こんなきれいじゃない」といったという話に、原爆のい力はすごいものだとおそろしくなりました。

憲法九条の「戦争放棄」は子ども達の心を大きくとらえました。それを変えようとする「戦争する国づくり」への流れを子ども達のためにも絶対にストップさせなくては……と強く願うこの頃です。

あとがきに代えて

ゆめ　　一ねん　しょう

ぼく、おおきくなったら、ぱんやさんになりたいな。
きんだいちせんせい
めろんぱんすきなら、つくってあげるよ。

この詩に出合い、一変してしょうくんのことが好きになってしまいました。いろんな問題行動を起こし、毎日手をやいていましたが、この口頭詩の内容を同僚の先生から知らされた時、ゆっくり成長を見守ってあげたいと思いました。

ある若い先生が「レポートや指導案の書き方は新採研などで学ぶけれど、授業の実際や子どもをどう見て、どう接したらよいか悩みます」と、話していました。そこで、放課後にその日の様子と対応を話すことにしました。「今日はだっこして子守歌を歌いながら授業したのよ。そうしたら、一番前に座っている子どもが、先生、もう大丈夫、顔が笑っているよ。と、教えてくれたのよ……」等、話してあげると、同僚たちが大笑い。その場が学びの場へと変わったのです。子どもだけでなく大人も、失敗談も含めて明るい雰囲気のなかで気軽に話せる場があるということは、大変幸せなことではないでしょうか。特に、困難を抱えた子どもを持った時には、仲間の支えが必要です。一人で悩まないで、職場の仲間にぜひ相談してみて下さい。きっと、親身になって相談にのってくれると思います。

東京でも毎年たくさんの若者が、夢を描いて教育現場に入ってきます。ところが、「子どもが心をときめかす、よい授業がしたい」「子どもたちと信頼関係を築き、楽しい学校を作りたい」等、教師としての本来の願いがゆらいでしまいがちな昨今の教育現場です。「学力向上」の名のもと「授業規律こそまず優先……」という管理主義が横行するなかでは、力の指導のみが入りやすく、「これでよいのか」と若い先生のみならず、悩む先生が増えています。力のみの指導では、子どもとの信頼関係はなかなか築けず、毎日が空しく、多忙感・疲労感のみが襲いかかります。一番の悩みは、忙しくて子どもの話をじっくり聞いてあげることができないこと……というアンケート結果もある程です。

本来の学校のあり方や、教育のあり方をみんなで考え直し、子どもたちの笑顔が輝き、先生たちが創造的な教育活動で生き生きと教育できる学校を！　と願わずにはいられません。

私は、子どもたちはもちろんのこと、「つながり」をテーマに親同士の仲間作りにも力を入れてきました。「先生、親同士が仲良くわかり合える関係だと、ちょっとした子どものトラブルも、大きな視野から見て解決できるんですよ……」というあるお母さんの言葉がきっかけです。あるお父さんは「先生方にいろいろ言うのは、この先生なら一緒に考えてくれるという信頼感があるからですよ……」ぜひ、若い先生に伝えてほしいと話してくれました。この本には「先生、私たちにできることはないですか。何でも言って下さい」と、いろいろと協力し支えて下さったお母さんたちもたくさん登場します。子どもたちの悩みや輝きを父母とも共有しながら乗り越えた実践です。今でも、その一つ一つのドラマが目に浮かびます。感謝でいっぱいです。また、私が共働きをしながら教師を続けるためには、保育園や学童保育の存在がとても大きかったと思います。子どもたちの全面発達のために、様々な工夫をこらし、愛情あふれるご指導をして下さった皆様にこの場をお借りし感謝したいと思います。

この本をまとめるにあたり、私の実践を支えて下さった多くの皆様に心から感謝したいと思います。「日本生活教育連盟（日生連）の行田稔彦委員長をはじめ東京サークル」の皆さん・「東京作文教育協議会」の皆さん・「東京民研」の皆さん・「西多摩教育研究会」の皆さん、職場や仲間の皆さん、本当にありがとうございました。少し私の教師人生を振り返ってみますと……

初任で出合った「日生連練馬サークル」の若狭蔵之助先生や鈴木孝雄先生の存在は大きく、そこで学んだすべてが教師としての私の原点となっている程です。青梅に移動してからは、「青梅作文の会」と出合い、「日本作文の会」にも所属しました。大東文化大学の村山士郎先生の著書や論文は、子ども理解を深める上での指針となり、たくさんのことを学ばさせていただきました。「東京児童詩の会」では、いつも実践を励まして下さった江口季好先生、「必ず実践をまとめるように」と言って下さった黒澤周三先生、中心になって会を運営して下さった佐藤保子先生からは、「児童詩教育」の原点を教わり、その魅力にひかれ夢中になりました。「児童言語研究会」の朝比奈昭元先生には、『国語の授業』誌での実践報告の場を与えていただき、深く感謝しております。長いこと西多摩・青梅に根を下ろした『多摩子ども詩集』の存在もとても大きく学びの場となりました。

この春、三十年来の大切な友人が旅立ちました。残念でたまりません。若い人たちにと死の床で「伝えたいこと　私の実践」を書き残しました。その尊い遺志を引き継いで、東京の民主教育の宝を若い人につなぐために、これからも頑張っていきたいと思っています。

本の出版に際しまして、お力をいただいた新日本出版社の田所稔社長始め、編集部の皆さん、担当編集者の柿沼秀明さんに心よりお礼を申し上げます。

二〇一五年　盛夏　　　　金田一　清子

金田一清子（きんだいち　きよこ）

群馬県の自然豊かな川場村に生まれる。青山学院大学を卒業後、東京都の教員となり、練馬区、東大和市、青梅市の小学校に37年にわたり勤務。定年後も、嘱託・再任用で、2013年３月まで仕事を続ける。現在、日本生活教育連盟（日生連）全国委員、日本作文の会（日作）全国委員、東京の民主教育をすすめる教育研究会議（東京民研）副議長。

本書は、教育雑誌『生活教育』（日生連）、『作文と教育』（日作）、『国語の授業』（児童言語研究会）、『子どもと教育』（子どもと教育編集部）、機関誌『子どもと生きる』（東京民研）に掲載されたものや、民間教育団体（日生連や日作）の全国大会の参加レポート、講演会で話したものなどを加筆・改稿したものです。できるだけリアルにと思い、プライベートな内容も盛り込んだ実践集ですので、名前はすべて仮名にしました。

子《こ》どもの笑顔《えがお》にあいたくて

2015年８月10日　初　版

著　者　金田一　清　子
発行者　田　所　　稔

郵便番号　151-0051　東京都渋谷区千駄ヶ谷４－25－６
発行所　株式会社　新日本出版社
電話　03（3423）8402（営業）
03（3423）9323（編集）
info@shinnihon-net.co.jp
www.shinnihon-net.co.jp
振替番号　00130-0-13681
印刷・製本　光陽メディア

落丁・乱丁がありましたらおとりかえいたします。

ISBN978-4-406-05926-8　C0037　Printed in Japan